你是我最想要的朋友

章 岩/著

中国财富出版社

图书在版编目(CIP)数据

你是我最想要的朋友 / 章岩著.—北京：中国财富出版社，2015.9
ISBN 978-7-5047-5848-4

Ⅰ.①你… Ⅱ.①章… Ⅲ.①人际关系学—通俗读物 Ⅳ.①C912.1-49

中国版本图书馆CIP数据核字(2015)第198095号

策划编辑	张　静	责任编辑	白　昕　杨　曦		
责任印制	方朋远	责任校对	杨小静	责任发行	邢小波

出版发行	中国财富出版社		
社　　址	北京市丰台区南四环西路188号5区20楼　邮政编码　100070		
电　　话	010-52227568(发行部)	010-52227588转307(总编室)	
	010-68589540(读者服务部)	010-52227588转305(质检部)	
网　　址	http://www.cfpress.com.cn		
经　　销	新华书店		
印　　刷	北京高岭印刷有限公司		
书　　号	ISBN 978-7-5047-5848-4/C·0196		
开　　本	710mm×1000mm　1/16	版　次	2015年9月第1版
印　　张	15.5	印　次	2015年9月第1次印刷
字　　数	215千字	定　价	35.00元

版权所有·侵权必究·印装差错·负责调换

前言
Preface

机会和运气不是每个人都有的。

为什么一些人可以在逆境中披荆斩棘地走出来，而另一些人却会在困难面前倒下去，从此一蹶不振，甚至自暴自弃，最终走向死亡？

这里的差别就在于，朋友圈资源的多少。有了好朋友，机会和运气就会经常光顾。

交上好的朋友，不仅可以得到情感的慰藉，朋友之间也可以互相砥砺，相互激发，共赴患难，成为彼此事业的基石。朋友之间，无论志趣，还是品德，总是互相影响的。一个人一生的人格与事业，都不可避免地会受到身边人的影响。

从这个意义上说，选择能让自己上进的朋友就是选择积极向上的人生。

朋友不是用数量来衡量的。就算你有一堆朋友，如果这些人个个都是酒肉之徒，那么，他们非但不会给予你任何帮助，反而会把你拖下水，这样的朋友不要也罢。交友要秉持"宁缺毋滥"的原则。好朋友多多益善，坏朋友则要敬而远之。

如果我们自己没有把握好交友的尺度，在交友的过程中忽略了对人品的考察，因一时的小恩小惠而与人品有问题的人结成朋友，那么与这类人长时间交往下去，自己也会逐渐堕落，丢掉做人的原则，从而走上错误的道路。因此，结交有益的朋友是十分必要的。

不少人总是乐于和比自己差的人交往，因为这样可以让自己在同他人的比较中获得自信，保持优越感和信心。可是，长此以往，你就会丧失前进的动力，看不到自己与优秀的人之间的差距，成为井底之蛙。

所以，要多和那些人格、品行、学问、道德都胜过自己的人交往，尽量汲取对自己有益的东西。这样有助于你树立理想和志向，激励自己更趋于成熟，激发出你对事业更大的热情和干劲。

当然，友谊不是一厢情愿的事，你只有不断提升自己，才能结交到更高层次的朋友。更重要的是，你要重视朋友，做任何事情都不能以牺牲友谊为代价。

一个人的成功和价值的体现，往往与他拥有朋友的多少以及他们的品质有一定的关系。结交的比你优秀的朋友越多，你就离成功越近。

曾国藩说过："一生之成败，皆关乎朋友之贤否，不可不慎也。"几乎没有一位成功者把他们的成就归功于其天生的才华，在他们看来，学历是铜牌，能力是银牌，理想是金牌，朋友才是王牌。正如成功学大师戴尔·卡耐基所说的那样："专业知识在一个人成功中的作用只占15%，而其余的85%则取决于人际关系。"和优秀的朋友在一起，是一种精神文化的延伸，可以让自己增加知识，增长见识，拓宽胸怀，这是快乐的源泉，也是成功的基石。所以，我们要多结交优秀的朋友，结交能让自己上进的朋友，而对那些让我们停滞不前的人避而远之。

当然，广众的朋友与实际的工作能力，这二者是相辅相成、缺一不可的。千万不要以为有了"好交情""硬关系"之后，不学无术也能成功，这显然是不符合现实的。

总之，事业成功的85%取决于人际关系，把人与人之间的关系搞懂了，将朋友圈搭建好了，你就成功了一半。生活中的每一个人都有自己的朋友网络，只要你善于开发，每一个人都会成为你的金矿。

但是，究竟该如何突破目前狭窄的交际圈呢？如何迅速地结识精英阶层并在精英圈子中占据主导地位呢？如果你拥有优秀的朋友，又该如何消化和运用才能将手中大量的朋友资源价值最大化呢？

其实，经营朋友并不难，只要有正确的观念、适当的方法、充满热情的行动，你就能驾驭被称为"资本之王"的"朋友圈"！

学历、金钱、背景、机会……也许这一切你现在还没有，但是你可以从本书中打造一把叩开成功之门的金钥匙。

目录 Contents

第一章 理想是金牌，朋友是王牌 …………………………… 1

　　几乎没有一位成功者把他们的成就归功于其天生的才华，在他们看来，学历是铜牌，能力是银牌，理想是金牌，朋友才是王牌。

1. 五个朋友决定你的一生 …………………………………… 2
2. 运气都是朋友给的 ………………………………………… 4
3. 机遇的潜台词是朋友 ……………………………………… 7
4. 世界首富的交友之道 ……………………………………… 10
5. 划出自己的朋友圈 ………………………………………… 13
6. 朋友重要，高质量的朋友圈更重要 ……………………… 15
7. 清理和优化你的朋友圈 …………………………………… 17
8. 交朋友要"弹性十足" ……………………………………… 20
9. 好朋友是个人自我价值的最佳评估 ……………………… 22

第二章 有了朋友圈，发展事业才有靠山 …………………… 25

　　你若想在职场生活中平步青云，就必须先换一种态度来对待你周围的每一个人，让自己变身为职场的朋友圈达人，让你的朋友真正地发挥效用。

1. 借助朋友关系，成就一番事业 …………………………… 26
2. 同行不妒，什么事都办得成 ……………………………… 27

1

3.同事既是朋友,又是贵人 …………………………………… 30
4.和同事交往的技巧 …………………………………………… 32
5.让上司成为你升迁的贵人 …………………………………… 36
6.摒弃间隙,做上司的左膀右臂 ……………………………… 38
7.有了强大的朋友圈,还要拥有相应的工作能力 …………… 41
8.像管理钱包一样管理名片 …………………………………… 43
9.背后说人好话 ………………………………………………… 45

第三章 朋友圈必备的几种人 …………………………………… 47

一个朋友圈经营高手,并不是认识的人越多越好,也不是认识的人越重要越好,而是应学会精心挑选自己的朋友,把朋友控制在一个适度的范围中。

1.贵人——一根绝处逢生的稻草 ……………………………… 48
2.眼光放远,贵人不只是高官显要 …………………………… 51
3.不要忽视陌生人和位卑者 …………………………………… 54
4.导师型朋友——是良师,更是益友 ………………………… 56
5.最可贵的朋友——道义之交 ………………………………… 59
6.净友——人生的一剂良药 …………………………………… 61
7.千金难买是知己 ……………………………………………… 64
8.朋友圈内必备的几类"陌生人" …………………………… 68

第四章 建立朋友圈的基础——让别人喜欢你,才能交到好朋友 …………………………………………… 71

假如你对别人来说是一个"价值"不高的人,想必别人对你的关注也不会太高。如果你想赢得朋友,那就从改变自己开始吧。让别人喜欢你、接受你,这是建立朋友圈的基础。

1. 保持微笑的表情 …………………………………………… 72
2. 记住他人的名字 …………………………………………… 74
3. 谦虚，让你处处受欢迎 …………………………………… 76
4. 把对方放在心上 …………………………………………… 78
5. 倾听，让你更有魅力 ……………………………………… 80
6. 适当地运用恭维的手段 …………………………………… 84
7. 幽默，打开沟通的大门 …………………………………… 86
8. "人情债"为你储备人缘 …………………………………… 88
9. 让别人信任你——做个能给朋友"安全感"的人 ……… 90
10. 打理朋友圈不能急功近利 ……………………………… 93

第五章 朋友圈的黑名单 …………………………………… 97

很多人抱怨自己没有真正的朋友，这种想法难免有些偏激，但也确实说明了一些问题。面对各种复杂的人事，我们要提高警觉性，分清朋友的善恶、好坏，谨慎行事。

1. 以利益和你结交的朋友 …………………………………… 98
2. 只能同患难，却不能同富贵的人 ………………………… 99
3. 以"关心"为名义，却总是和你"过不去"的朋友 …… 101
4. 遇事总爱给你泼冷水的人 ………………………………… 104
5. "林妹妹"式的多愁善感者 ……………………………… 106
6. 自私自利的人 ……………………………………………… 108
7. 酒肉朋友 …………………………………………………… 110
8. 爱吹牛的人 ………………………………………………… 112
9. 擦亮眼睛识别小人 ………………………………………… 114
10. 知彼知己，百战不殆——随时调整"黑名单" ……… 116

第六章 朋友圈的商业金库——结交使你绽放光芒的人 …… 119

如果一个人使你黯然失色，他就不是你理想的友伴，去结交那些使你绽放光芒的人吧。无论何时，你都应记住，跟成功的人交往可以孕育成功，跟失败的人交往只能继续失败下去。

1. 往"比我们高"的人身边站 ………………………… 120
2. 企业家的"寻贵"精神 …………………………… 122
3. 结交贵人，从他们的身边人入手 ………………… 123
4. 求贵人办事要相互"借光" ……………………… 126
5. 善于向别人传递你的"可利用价值" …………… 128
6. 运用策略向上司提供信息 ……………………… 130
7. 尊重每一个与你业务有关的人 ………………… 132
8. 高度重视礼节的重要性 ………………………… 134
9. 热情可以最大限度地打动别人 ………………… 135

第七章 维护朋友圈的原则——得道多助，失道寡助 ……… 139

古今中外，一切真正的成功者，在道德上大都达到了很高的水平。现实中的大量事实说明，很多人的失败，不是能力的失败，而是做人的失败、道德的失败。

1. 不仅要诚于推功，还要勇于揽过 ……………… 140
2. 永远让对方感觉到他的重要性 ………………… 143
3. 什么都可以牺牲，唯有信誉不能 ……………… 146
4. 雪中送炭胜过锦上添花 ………………………… 148
5. 给彼此留出回旋的余地 ………………………… 151
6. 朋友的累积都在平时 …………………………… 153

7.预先给予朋友帮助,效果会更好 …………………………… 157
8.不带给被助者卑微感受的帮助 …………………………… 159
9.换位思考,理解朋友的难处 ………………………………… 161

第八章 珍惜朋友资源——绕过朋友圈的雷区 …………… 165

人们常说,好钢要用在刀刃上,朋友也是这样。

1.淡化你的优越感 …………………………………………… 166
2.别用你的优势去对比别人的劣势 ………………………… 168
3.尽量保留朋友的颜面 ……………………………………… 170
4.保护他人隐私 ……………………………………………… 173
5.距离产生美 ………………………………………………… 175
6.交浅言深是不成熟的表现 ………………………………… 177
7.千万不要打听别人的收入 ………………………………… 179
8.闲谈莫论上司 ……………………………………………… 181
9.别总是把恩惠挂在嘴上 …………………………………… 184
10.别让误会过夜 ……………………………………………… 186

第九章 化解他人敌意,让对手变成朋友 …………………… 189

尊重对手就是尊重自己,这样不但能赢得对手的尊重与友谊,还能展示出你的度量与胸怀。

1.欣赏对手的品质与人格 …………………………………… 190
2.适当展示你的弱点,减少对手对你的敌意 ……………… 192
3.寻求共鸣,化敌为友 ……………………………………… 194
4.帮助对手也是一种智慧 …………………………………… 196
5.伸出你的手,去握对手的手 ……………………………… 198

6.对手就是另一角度上的帮手 …………………………… 202
7.主动给自己设立一个"假想敌" …………………………… 204
8.你可以同别人分享的——信息、机会 …………………… 207

第十章 利益共享,合作双赢——挖掘战略伙伴 ………… 211

商业上有一种模式叫利益共享,也称战略伙伴。这样的商业合作模式更具有抗风险能力,也是一种双赢的模式。

1.即使是和好友做生意,也得"约法三章" …………………… 212
2.朋友变合伙人,请注意角色转换 …………………………… 214
3.游走在"义"和"利"之间 ………………………………… 216
4.找到"志同道合"者同船出海 ……………………………… 218
5.十个标准帮你寻找合作伙伴 ……………………………… 220
6.合作者要选择与自己性格相反的人 ………………………… 225
7.尊重下属,他们是最好的合作伙伴 ………………………… 227
8.观察身边的人,寻找你的最佳搭档 ………………………… 231

第一章

理想是金牌,朋友是王牌

几乎没有一位成功者把他们的成就归功于其天生的才华,在他们看来,学历是铜牌,能力是银牌,理想是金牌,朋友才是王牌。正如成功学大师戴尔·卡耐基所说:"专业知识在一个人成功中的作用只占15%,而其余的85%取决于人际关系。"

1.五个朋友决定你的一生

你相信,5个朋友将决定你的一生吗?

在一个主题为"创造财富"的论坛上,主持人说:"请大家写下和你相处时间最长的5个人,也就是与你关系最亲密的5个朋友,记下他们每个人的月收入,从他们的月收入,我就能知道你的月收入。为什么?因为你的月收入就是这5个人月收入的平均数。"

当时,人们都觉得这是一个玩笑,自己的月收入怎么会由朋友决定呢?但是,当他们写下最亲密朋友的财务状况时,很快发现自己的月收入真的和他们差不多。月收入2000多元的人,他的朋友们月收入也大多是2000多元;资产100万元的人,其朋友大约也是100万元左右;而使用信用卡还款的人,他的朋友们也几乎都处于负债的边缘状态。

其实,这并不是什么奇怪的巧合,而是正应了那句"物以类聚,人以群分"。稍微细心一点,你就会发现,在现实生活中,医生的朋友,通常都是医生;出租车司机的朋友,通常都是出租车司机;当老板的人,他们的朋友通常都是老板……

想想看,你的很多决定或者想法,甚至是一些生活方式和习惯是不是都和你亲密的朋友有关?我们永远无法否认朋友对我们的影响力。有句话说,你想成为什么样的人,就和什么样的人在一起。想成为健康的人,你就要和健康的人在一起,因为他会告诉你如何保养身体;想成为快乐的人,就要和快乐积极的人在一起,因为他会告诉你如何拥有快乐积极的心态;如果你想减肥,千万不要和一个胖人在一起,因为除了遗传因素,一个人之所以胖,是因为他不会节制食欲,而且心中往往自有一套不在乎胖的理论,和这样的人在一起,你会在不知不觉中受到他的影响,从而你的瘦身计划成功的可能性就会大打折扣。

可以说,某种程度上,你身边的朋友决定了你的人生。

一个生活在穷人堆中的人,要想成为富人,就必须和自己原本的阶层说再见。这绝不是背叛,而是一种自我发展和改造。

一位百万富翁登门请教一位千万富翁。

"为什么你能成为千万富翁,而我却只能成为百万富翁,难道我还不够努力吗?"

"你平时和什么人在一起?"

"和我在一起的全都是百万富翁,他们都很有钱,很有素质……"

"我平时都是和千万富翁在一起,这就是我能成为千万富翁而你却只能成为百万富翁的差别。"

美国一个机构调查后认为,一个人失败的原因,90%是因为这个人的周边亲友、伙伴、同事、熟人大多是失败和消极的人。如果你习惯与比自己差的人交往,那么,他们将在不知不觉中拖你下水,并使你的远大抱负日益萎缩。

犹太经典《塔木德》中有一句话:"和狼生活在一起,你只能学会嗥叫。"和那些优秀的人接触,你就会受到良好的影响,耳濡目染,潜移默化,成为一名优秀的人。

因此,你想成为什么样子的人,就和什么样子的人在一起吧。如果你想成为一个有钱人,那么无论你多穷,都要坚持站在富人堆里。只有站在富人堆里,汲取他们致富的经验,比肩他们成功的状态,穷人才能真正实现致富的目标。

2.运气都是朋友给的

在现代商业社会,想生存,要发展,就必须具有较强的竞争力。人与人之间的竞争不仅包括才能、素质等方面,还与人际关系有重要的关联。有好的人缘,做起生意来就会得到众人的支持,在与对手的竞争中就会处于优势地位;如果人缘差,在你困难的时候不仅得不到帮助,可能还会有人趁机跳出来踩你两脚。所以说,朋友是评估一个人竞争力大小的标准。朋友越好,你在商场上的竞争力就越强。

温州的周航经营着一家服装厂,他主要做出口生意,很少内销。周航常说:"眼睛只盯着钱的人做不成大买卖。买卖中也有人情在,抓住了这个人情,买卖就成功了一半。"

有一次,一个意大利客商订购了50套西装,周航按照对方的要求包装完毕后运到码头准备发货,就在这时,意大利客商却突然打来电话请求退货,原因是该客商对当地市场估计错误,这批货到意大利后将很难销售。退货的要求毫无道理,周航大可一口拒绝对方,反正合同已经签了。但经过两天的考虑,周航却决定同意对方的退货请求,因为对方答应支付包装、运输等一切费用,由于这批西装是外贸产品,在国内市场上应该可以销售得出去,所以周航等于没有什么损失。而最大的好处是,他这样做等于帮助了意大利客商,双方将建立良好的合作关系。

事情果然如周航所料,意大利客商非常感谢周航的大度,表示以后在同类产品中将优先考虑周航的产品,他还不断向自己的朋友夸奖周航,为周航介绍了很多生意。就这样,周航以他富有人情味的生意经成功地在国际市场上站住了脚。两三年内,周航的工厂不断扩建,现在已有600多名工人为他工作,他的生意也越做越大。

周航清楚地认识到了人缘对生意的重要性。如果当时他拒绝意大利客商的退货,虽然也能做成一笔生意,却会损失这个客户。而答应退货的要求,表面上看有点吃亏,但他却交到了一个朋友,孰轻孰重,明眼人一看便知。

当今社会,朋友对我们事业的发展所产生的影响越来越大,所以,除了要努力加强自己的才能外,我们还要注意搞好人际关系,让自己有个好人缘,这样才能适应日益激烈的市场竞争,并在竞争中取胜。

如果你希望在成功的道路上快马扬鞭,就必须拥有好朋友。实际上,所谓的"走运",多半是由优质的人际关系展开的。一个能认同你的想法、做法与你的才华的人,一定会在将来的某一天为你带来好运。

究竟谁会对你伸出援助之手?哪里才会有这种人呢?这个问题没有人能够回答。只能说,任何人都有可能成为向你施予援手的友人,他可能是你工作上的伙伴或上司,可能是学校里的同学,甚至有可能是一位不曾相识的陌生人,但一般来说,朋友的范围越广,你开创成功未来的概率就越大。

就朋友这方面来看,机会往往会从你意想不到的地方出现。

威尔可是从父亲的手中接过这家食品店的,这是一家古老的食品店,在镇上很出名。威尔可希望它在自己的手中能够发展壮大。

一天晚上,威尔可在店里收拾货物、清点账款,第二天,他将和妻子一起去度假,所以他打算早早地关上店门,以便为外出度假做准备。突然,他看到店门外站着一个面黄肌瘦的年轻人,他衣衫褴褛、双眼深陷,一看就知道是个流浪汉。

威尔可是一个热心肠的人,见此情景,他走了出去,对那个年轻人说道:"小伙子,有什么需要帮忙的吗?"

年轻人略带点腼腆地问道:"这里是威尔可食品店吗?"他说话时带着浓厚的墨西哥口音。

"是的。"

年轻人更加腼腆了,他低着头小声地说:"我是从墨西哥来找工作的,可是整整两个月了,我仍然没有找到一份合适的工作。我父亲年轻时也来过美国,他告诉我他在你的店里买过东西,喏,就是这顶帽子。"

威尔可看见小伙子的头上果然戴着一顶十分破旧的帽子,那个被污渍弄得模模糊糊的"V"字形符号正是他店里的标记。

"我现在没有钱回家,也好久没有吃过一顿饱饭了。我想……"年轻人继续说道。

眼前站着的人只不过是多年前一个顾客的儿子,但威尔可觉得自己应该帮助他。于是,他把小伙子请进了店内,好好地让他饱餐了一顿,还给了他一笔路费,让他回家。

后来,威尔可便将这件事情淡忘了。过了十几年,威尔可的食品店越来越兴旺,在美国开了许多家分店,他决定继续向海外扩展。可是他在海外没有根基,要想从头发展是很困难的,为此,威尔可一直对海外发展策略犹豫不决。

正在这时,他突然收到了一封从墨西哥寄来的信,原来写信人正是他多年前曾经帮助过的那个流浪汉。

此时，那个年轻人已经成了墨西哥一家大公司的总经理，他在信中邀请威尔可来墨西哥发展，与他共创事业，这对威尔可来说真是喜出望外。有了那个年轻人的帮助，威尔可很快就在墨西哥开起了连锁店，而且发展得异常迅速。

很多人把威尔可的发迹简单地归功于"运气好"，这似乎无可厚非，但明智者都知道，威尔可的成功离不开"朋友"——毕竟，他的运气是别人给予的。

人生的路上，有些运气是拣来的——例如中彩票；有些运气是时势造就的——但这需要有过人的眼光；而有些运气则是他人给的——这只需要你在日常生活中助人为乐，广结善缘！

3.机遇的潜台词是朋友

很多人在一个人取得成功时总是会说："他碰上了好时机！"是的，事实的确如此。在2013年中国百富榜上数十位成功企业家最看重的十大财富榜评选当中，机遇排在第二位。但你是否想过，为什么他的机遇比别人好？难道是上苍不公平，偏心他不成？不，机遇对任何一个人都是公平的，这里的差别很大程度上要归结于朋友关系的不同。可以说，机遇就是朋友的潜台词，朋友关系的优劣直接影响到机遇的多少。

学历、金钱、背景、机会……也许这一切你现在还没有，但是你可以打造一把叩开成功之门的金钥匙——朋友，把自己打造成站在巨人肩膀上的英雄。

朱元璋的成功就得益于朋友关系。至正十二年(1352年)闰三月初一，朱元璋欲投靠郭子兴，却被守城将士误以为元军的奸细，差点杀死他，后来朱元璋被郭子兴救下，收为步卒。从那以后，朱元璋就开始采取"关键关系术"来开创自己的功业。

朱元璋是个聪明人，他知道郭子兴对自己事业的发展有着不可估量的作用，拉近与郭子兴的关系，也就等于拉近了与成功的距离。因此，他非常努力，希望能以出色的才能让郭子兴坚信自己并未看错人。被收为步卒后，朱元璋每天在队长的带领下与大家一起练习武艺，他非常明白，要想出人头地，在当时的条件下，唯一的途径就是拼命努力，这样才能引起郭子兴的注意。

所以，他总是比别人练得刻苦，练得认真，练得时间长。只花了十几天工夫，他就成了队里出类拔萃的角色。郭子兴非常喜欢他，每次领兵出战都会把他带在身边。而朱元璋也总是小心地护卫着郭子兴，作战十分勇猛，斩杀俘获过不少敌人。

因表现出色，不久，朱元璋就被郭子兴调到了元帅府做亲兵九夫长。遇上重要事情，郭子兴总不忘征求一下他的意见，每次他都尽力为之谋划。渐渐地，郭子兴越来越觉得朱元璋有胆有识、有勇有谋，是个将才，便开始派他单独领兵作战。每次打仗，朱元璋总是身先士卒，冲杀在最前面，得到战利品，他又分毫不取，全部分给部下，因而部下都非常拥戴他，每次出战，大家都齐心合力，所向披靡。

郭子兴见朱元璋带领的部队凝聚力得到空前的增强，战斗力也大为提高，对朱元璋便更加器重。

"人"这个字，一撇一捺两个独立的个体相互支撑、相互依存、相互帮助，形象、完美地阐释了人的生命意义。

第一章 理想是金牌，朋友是王牌

由一无所有到世界富豪的李兆基是一个商业奇迹，也是香港人的骄傲。据美国《福布斯》杂志报道，李兆基1997年的资产达150亿美元，是当时亚洲最富有的人，也是世界第四大富翁。2011年，李兆基的财富更是达到了195亿美元。

1984年，李兆基怀揣1000元钱独自来到了东方明珠——香港，这个美丽富有朝气的城市。他有信心以他对金银业务的看家本领闯天下。

当时的香港中环文咸东街足足有二三十间金铺银店，专营黄金买卖、外币找换、汇兑等生意，业务性质跟李兆基在顺德的永生银号没有分别。李兆基来到香港之后，开始在那些金铺银店挂单做买卖。凭着自己对黄金业务的熟稔和对市场的把握，李兆基很快就赚到了自己的第一桶金。

有了本钱后，他又开始做五金生意，搞进出口贸易，钞票就像滚雪球一样越滚越大。这时，钱对他来说已不再是可望而不可即的东西，幼年时对财富的渴望到这时已经得到满足。开始他对这些生意提不起兴趣，面对着流水般涌来的钞票，他的不安心理与日俱增。

后来，李兆基回忆当年生活时曾说："我七八岁时就常到父亲的铺头吃饭，自小对生意耳濡目染，后来在银庄工作，令我深深体会到无论法币、伪币、金圆券等，都会随着政治的变迁，在一夜之间变成废纸，这令我领悟到持有实物才是保值的最佳办法。"于是，已过而立之年的李兆基在经过深思熟虑之后，毅然选择了地产，走上了一条日后为他带来无限前途的实业之路。

第二次世界大战之后的香港人口激增，工商业日益发达。有数据显示，1954年全港经营登记的工厂共有2494家，下属工人11万多，未曾登记的工厂工人数目逾10万，增幅较去年接近一倍。李兆基并不认为政府建设楼宇的步伐能赶得上民生的迫切需要，他看准时机，准备大干一场。

在1958年，李兆基和两位志同道合的朋友郭得胜、冯景禧共同组建了

9

永业公司,开始了他们向地产业的进军。

三位好友中,郭得胜年龄最长,经验丰富;冯景禧居中,精通财务,擅长证券;李兆基虽然最年轻,却足智多谋,反应敏捷。公司成立后的第一桩生意,就是买入沙田酒店,然后再以低价收购一些无人问津而又富有发展潜力的建筑用地,重建物业出售。他们"分层出售,分期付款"的推销方式颇受市民欢迎,效益显著。就这样,"永业"初涉地产便一炮打响,站稳了脚跟,郭、李、冯更因此声名大振,得到了"三剑侠"的赞誉,而李兆基因为年龄最小,被称为"地产小侠"。

正是这些朋友,促成了李兆基后来的房地产王国。

无论你是穷人还是富人,如果你希望将来可以拥有更多的财富,并且延续下去,就要为你以后的财路广交朋友,这样,你以后在财富的道路上才能越走越宽。

4.世界首富的交友之道

以往人们总是强调自主创业,但如今,这种观念正在改变。人际关系在创业中的作用逐渐加大,朋友圈日益成为创业信息、资金、经验的"银行",有时在商业活动中甚至能起到四两拨千斤的神奇功效。在比尔·盖茨创造的商业奇迹中,自始至终都闪耀着朋友关系给经营活动带来的便利。

第一章 理想是金牌，朋友是王牌

盖茨和艾伦创立交通数据公司时，拥有的产品是一种用来计算汽车流量的机器，而他们开发的软件能通过横穿马路的橡皮管子更科学地统计出交通流量。这个系统配有一种16个打孔的纸带，功能是原来用于老式电传打字机8孔纸带宽度的两倍。每次汽车通过橡皮管，机器就会以二进制的两个数字"0"和"1"把车次的记录打在纸带上，用这些数字来反映汽车通过的时间和流量。

软件虽然简单，但是有助于确定最佳的交通管理方法，安排交通红绿灯的时间长短等。盖茨通过父母的关系，找到了一位主管交通的市政官员，向他推销自己的产品。于是，西雅图街头的交通控制系统便用上了他们设计的软件。这一次，交通数据公司大约赢利2万美金。

随后，艾伦开始在各州巡回推销这套软件，甚至一度还到加拿大等国进行推销，但是由于缺少可靠的社会关系，产品的推广一直没有成效。反倒是盖茨通过父母的关系所做的努力既省事，又有现金入账。

盖茨在后来成立自己第二家公司进行课表编排程序的开发时，仍然延续了通过社会关系开展业务的老路子。他们的第一单业务是本校的课表编排，而第二单则是通过他姐姐的关系联系上的。这次是为华盛顿大学实验学院设计一套学籍管理软件。他的这笔生意是跟华盛顿大学学生管理协会洽谈的，正好他的姐姐克里斯蒂娜是该协会成员之一。可惜的是，学校的报社了解到盖茨是该项设计的承接人后，便指责管理协会以权谋私。结果，盖茨只从这项设计中赚得很少的钱，大约只有500美元。

当盖茨创立微软公司时，他仍然只是一个无名小卒。当时，他还是一名在大学读书的学生，没有太多的朋友资源，但他还是签到了公司的第一份大合约，对象是当时世界上第一强电脑公司——IBM（国际商业机器股份有限公司）。

当时的IBM已经是业内的巨人，1973年卡里出任IBM总裁后，更是大胆地决定从事个人计算机研制开发。为了在操作系统上获得支持，IBM联系了盖茨，并成功引起了盖茨极大的兴趣。在一整天的面谈中，盖茨回答了IBM设计组无数问题。当被问到"你们公司像你这样的人有几个"时，盖茨耸耸肩，习惯性地扶了一下镜框说："每个人都是如此。"然后摊开手，身体向后一仰，笑道："我是公司学历最低的，仅上过一年大学。"

尽管盖茨对合同签订信心百倍，但并非毫无忧虑。IBM高层会重视小小的微软吗？微软能钓到这么大的"鲸鱼"吗？这时，盖茨亲人的朋友资源又一次派上了用场。盖茨的母亲是IBM的董事会董事，IBM新任董事长是盖茨母亲的朋友，盖茨母亲的成就和人格为自己的爱子作了最好的担保。于是，签约成了顺理成章的事。

IBM这条大"鲸鱼"给盖茨带来的不是一次性的收益，而是长久的宣传作用。随着IBM个人电脑的销量日增，MS-DOS(微软磁盘操作系统)的影响也与日俱增，为其开发的应用软件也越来越多，MS-DOS也因此成为了行业中的唯一标准。

此外，盖茨也在不断发展国外的朋友，请他们去调查并开拓国外市场。盖茨的一个非常好的日本朋友西和彦为他讲解了很多日本市场的特点，并为他找到了第一个日本个人电脑项目，使盖茨开发的软件得以在1977年打入日本市场。其后的数年中，两人更是成为莫逆之交，身材圆胖、举止浮夸的西和彦把日本营造成了微软的第二大市场，仅次于美国。

盖茨在微软成长之后，也开始拓展自己在商界的社交。他和股神巴菲特有着不错的私交，两个人相识于1991年西雅图的一次社交活动上，其后就一直保持着联系。盖茨的商业敏锐性让巴菲特折服，而巴菲特的投资理念对盖茨的商业哲学也产生了不小的影响。在2001年，当盖茨为反垄断案忙得焦头烂额时，巴菲特站出来为老朋友仗义执言。当巴菲特的投资公司需要挑选接班人时,盖茨被选为沃伦·巴菲特经营的投资公司博克夏·哈萨维公司的董事。

经历了商海沉浮的盖茨,知道如何利用自身的优势去抓住身边的机遇。于是,他成功了。

在他财富的背后,隐藏着一种更为根本的东西,那就是让他成名或致富的秘密,让他跌倒后重新站起来的经验教训,他经年累月在商场上打拼所摸索出来的黄金法则。这一切是比金钱更宝贵的资产——朋友!

5.划出自己的朋友圈

扩充朋友圈并非一朝一夕之事,所谓"谋定而后动",你必须先有一个总体规划,从宏观上审视自己的朋友,以此做到把握全局,成竹在胸。

将自己周围的人际关系一"圈"打尽、一图囊括,能够让你了解你的朋友的现状,分析朋友前景,以此明确规划拓展朋友圈的方向,对于将来如何进一步行动做到心中有数。

朋友圈,并不一定是真正的"圈",可能是表格,也可能就是一堆记录、一个电话簿或名片夹。形式可以多样,但它们都应该有这样的功效:清楚展现自己现在的朋友状况,至少能够回答你认识了多少人,他们都是些什么人。

(1)对自己的朋友进行归类

朋友中,既有人情关系也有人际关系,所以朋友的第一层分类可以依此划分,人情关系一类,人际关系为另一类。

不过，这两种属性并非截然分明，在很多人的身上都兼而有之，所以你还可以按照自己当时的期望进行分类，凡期望积累感情的，无论是亲戚、同学、朋友还是客户、同事，都可以算作人情一类；另一方面，凡是近期之内和自身的工作有较强的相关性，可能对自己的事业发展有利的关系，就把他放在人际关系一类。需要注意的是，不同时期，同一个人也可能在不同的类别里。

(2) 按照认识的来源进行第二层分类

这里可分为同学一类、亲戚一类、工作后的朋友一类、客户一类等。这样下来，从源头理起，直到各个分支，脉络分明，一目了然，可以清晰地梳理各种朋友关系，明确每个节点对应朋友在网络中的位置。使用电子表格进行这项工作，管理起来会更加方便，无论是增删添减还是修改资料都很容易，所以首推这种方式。

接下来，按照分类，把自己能够想起来的人一个个对号入座。这可不是简单地放上名字就行了，还应该伴随对方的基本信息，例如工作、职位、联系方式，可能的话还包括比较私人化的信息，例如家庭、婚姻状况，是否有老人和孩子，事业的发展前景，兴趣特长在哪方面，他们的朋友如何，等等。越是重要的人，其信息越是要详细，这样便于做针对性的处理。为了表格形式上的简洁，每个名字都应当做成超链接，一点击就可以看到其信息介绍。

想要掌握这些信息，除了要当面了解之外，还要注意侧面的探寻，如同中医疗法里的"望、闻、问、切"，灵活选择方式，综合运用，尽量全面了解每一个结识的人。这是个不断积累的过程，不必急于一时，免得让对方感觉你为人太过功利。只要有心，你就能逐步建立起自己的朋友"数据库"。

(3) 对信息进行汇总，不断更新

你应该每隔一段时间就审查一下自己的朋友网络图，比如，认识的朋友有多少人，哪些是熟识的，哪些很久没有往来了，哪些是新结识不久的，等等，统计这些数字，让自己心中有数，再前后比较一下，你就能看出自己现在朋友方面的总体状况如何,发现问题所在,然后据此指导修正自己的下一步行动。还有临时性的需要跨类别的汇总工作,例如按照自己近期的朋友需求汇总,提炼出哪些人对自己有直接的帮助,哪些能够提供意见指导。这种临时性的汇总往往能够让你从朋友中收到实效。另外,及时地更新资料是十分必要的。现代社会日新月异,节奏很快,个人的发展也是如此,常常"士别三日,当刮目相看",所以,要不断地追踪朋友网中每个人的新状况。及时更新这些信息,据此调整自己的朋友,拓展部署,才能让朋友网络图真正发挥其最大作用。

上述三个步骤能让你迅速建立起自己的朋友网络。当有闲暇时,你不妨去看看哪位朋友久未联系,应当致电问候;每当你需要帮助的时候,也可以去看看,也许你会发现能拯救你的人就在身边。

6.朋友重要,高质量的朋友圈更重要

朋友重要,高质量的朋友圈更重要。很多人看似朋友满天下,平常有酒有肉,一呼百应,可是真正遇到有事需要人帮忙时,却没有一个用得着的。

为什么会这样?因为他的朋友圈层次太低了。

孙悟空初出道时,交游也十分广阔,天下的妖精都是他的朋友。平常大家聚在一起逍遥快活,可是当他大闹天宫惹下大祸时,能帮他的人就不多了。为什么?大家都是妖精,即使有些法力,但能量有限。而到他保护唐僧去西天取经时就不一样了,因为有了在天庭任职的经历,认识了

大大小小的神仙,这时候再遇到难题就可以直接到天庭去找关系,即使遇到六耳猕猴、大鹏金翅雕这样的高手,也还有如来佛可以帮忙解决。可见,高质量的朋友是做事成功的关键。

那么,怎样才能结识高质量的朋友呢?下面几个途径可供参考。

(1)进修培训

多去参加一些商业培训班,比如一些大学举办的MBA进修班、管理咨询进修班、研究生进修班、外语培训班等。这些学校除了能给你一些专业知识的培训外,更能为你提供一个结交成功人士的平台。英雄不问出处,很多成功人士未必受过很高的教育,当他们的事业到达一定的阶段时,就会觉得知识不够用,这时候他们需要充电,而这些培训班往往是他们的首选。当然,你要懂得去甄别,在其中找到真正适合自己的朋友。

(2)行业聚会

每个行业都有些固定的聚会,这些行业的领军人物往往会出现在这种场合。如果你想要在自己的行业中大展拳脚,一定不要错过这些场合,它们可是你结交同行的最好地方。在这些聚会中,大家因为都是同行,有共同的话题。你可以在轻松的交谈中得到很多对自己有用的信息,结识更多的行业翘楚。在这里你要注意的是,虽然是一些聚会,大家也是为了结交朋友而来的,但因为彼此是同行,互相之间的竞争是无法避免的,所以要尽量避开一些敏感话题,不要打听和商业机密有关的事情,否则一不小心,就会引起别人对你的戒心。

(3)"大人物"的生日招待会

社会各界的精英、名流往往都会出现在这种场合,在这种场合结识到的人往往会成为你人生中真正的财富。但"大人物"往往都比较难接近,你首先要选择好准备结交的对象,然后最好找到合适的人为你们之间做个介绍,这样可以让见面显得不那么生硬。一般情况下,对方很少会在有第三者介绍时拒绝和你交谈。要想进入这些场合,你还要进行必要的社交礼仪方面的培训,了解出席这种活动的规则和禁忌。另外,很多"大人物"都会有些不同于别人的习惯,你在接近他们之前,最好先作一些适当的了解,这样就能避免你们的交谈淡而无味。

(4)比较大的社会活动

这些活动一般都是由一些固定的成功人士资助举办的,往往是某一个重要人物的社交圈子的体现,在这种场合,你要学会找出其中最重要的人物。如果你能有机会接近他们,和他们建立联系,那么,那里所有的人都会成为你的朋友。

除了这些地方,你还可以根据自己的需要去有针对性地认识一些你需要认识的人,尽量打造好你的朋友圈。

7.清理和优化你的朋友圈

一个高品质的朋友圈就是保证每个在圈子中的人在关键时刻都能帮上你的忙,让圈子中的每个关系节点都保持有效性。

关于这一点,可以用"二八"法则来加以阐述。通常,当你真正发生财务危机时,80%的所谓朋友不但不会主动借钱给你,还会不接电话,甚至躲得远远的;大概还有20%的朋友愿意给你正面的影响和帮助;但改变你命运的朋友,不会超过5%。

张晓和李霞相识多年,两人关系不远不近,只要见面,两人都会寒暄两句。

你是我最想要的朋友

有一次，她们都认识的一个朋友结婚，两人都去参加了婚宴。席间，张晓谈起了她弟弟的事情，她弟弟毕业快一年了，至今都没有找到合适的工作，全家都非常着急。

听到张晓这样说，李霞不假思索，拍着胸脯说，这件事情包在她身上。当着大家的面，张晓也不好多问什么，只得连连感谢李霞。过了几天，张晓带着弟弟亲自到李霞家道谢，并打听找工作的进展情况。不料李霞支支吾吾，口气也变了，说："何必那么心急，我回去跟人事部商量一下再说，毕竟招聘员工是人事部门的事。"

看到这种情景，张晓很生气，二话不说就拉着弟弟离开了李霞家。

实际上，李霞当时只是想在众人面前炫耀一下自己的本事，并不是真心想帮忙。在现实生活中，这种人前一套、背后一套的人，最不应该与之交往。因此，如果你的圈子中有这样的人，要坚决剔除，以免浪费感情。

你大可不必对圈中所有人都一视同仁，更不要把精力和信任放在酒肉朋友身上，而应该抽取80%的时间用在最重要、最牢靠、对人生有影响和帮助的20%的朋友身上，努力认识关键或重要的人。

正如管理大师德鲁克所说的，"清理你的朋友就像清理你的衣柜一样，只有将不合适的衣服清出衣柜，才能将更多的新衣服放入衣柜。"同理，只有不断地认识那些能够改变或帮助你的人，才能构建高质量的朋友资源库。

因此，你需要做的就是定期清理和优化你的朋友圈。如果你对自己的朋友关系不闻不问，那么你的人际关系就可能恶化、流失甚至变质。朋友圈子就是一个大染缸，它可以是一个良性的环境，也可以是一个恶性的沼池。建立一个良好的朋友圈，并定期清理和优化，在这样的朋友关系网络中成长，你才能更加健康；而如果你的朋友关系网络被污染了，恶习遍布,人人猜忌,互为祸害,那么你的一生就有可能为之所毁。

平时,不妨多想想你和谁在一起的时间更多一点?跟谁在一起对你的成长更有利、更有帮助一点?你朋友中的这些成员对于你的人生和事业有什么样的作用?他们能够提供给你的信息是正面的还是负面的?你像现在这样同他们交往下去,一段时间以后,你是会有所进步,还是停滞不前或者干脆倒退呢?

这些问题的答案,就是你要采取措施的依据。具体而言,你可以参照以下几个思路来清理和优化你的朋友圈。

首先,多花点时间和精力与合适的人交往,把不适合自己的人从朋友圈名单中剔除。那么,哪些人是合适的人呢?这取决于你的目标和任务,也要看他们的本质和文化素质。凡是能使你向着有利的方向发展的,都是适合你的人,对于这些人,你要花费心思使他们留在你的朋友圈中。

其次,多结交那些比你更成功的人,与他们在一起你会受益匪浅。因为他们是成功者,来自他们的影响多是带领你靠近成功,所以一定要多与这类人交往,并与之成为知己。要经常向他们请教,恳请成功的人帮助你制订能够获得成功的计划。

最后,认识关键和重要的人物。当然,你首先要放开自己,从各种渠道入手,而不是仅仅局限于经常接触的圈子,除非你本身已经是个很高端的人物。

如此一来,你的朋友网将得到健康发展,在这些成功的思想和极具人生意义的行为规则的指引下,你的各方面都会越来越成功。经营朋友是门大学问,并不是喊几句口号、发几次誓就可以实现的。朋友的经营,要有比较高的思想道德品质、心理素质、知识素质、能力素质甚至身体素质,以及良好的沟通能力。

只有不断地认识那些能够改变或帮助你的人,才能构建高质量的朋友圈。

8.交朋友要"弹性十足"

大部分人交朋友都"弹性不足",因为他们交朋友有太多原则:看不顺眼的不交,话不投机的不交,有过不愉快的不交……

这种交朋友的态度在平时没有什么不好,但如果你想让自己的人际交往更广一点,交友时就有必要更有弹性一点。你看不顺眼或话不投机的人不一定就是"小人",他们也有可能是对你有所帮助的"君子",拒绝他们未免太可惜。与其事后后悔,不如在交朋友之前先主动划分出等级来。

把朋友分等级听来似乎太无情,感情丰富的人甚至会因此觉得有罪恶感。可是,即便你自己以诚待人,不会利用朋友,也不会欺骗朋友,但这并不表示别人也和你一样。在我们的朋友中,人格清高者固然很多,但想从我们身上获取一点利益,心存恶意的朋友也不少。

从这一点出发,朋友可分为"刎颈之交级""推心置腹级""可商大事级""酒肉朋友级""点头哈腰级""保持距离级"等。根据这些等级来决定和对方来往的亲密度和自己心窗打开的程度,你就可以在生活中和职场上最大程度地保护自己。

要把朋友分等级其实并不容易,因为人都有主观的好恶,因此有时会把一片赤心的人当成一肚子坏水的人,也会把凶狠的狼看成友善的犬,甚至在旁人提点时还不能发现自己的错误,非得到被"朋友"害了才大梦初醒。所以,要十分客观地将朋友分等级是很困难的,但面对复杂的人性,你必须将朋友划分等级。心理上有分等级的准备,交朋友就会比较冷静客观,这样可把伤害减到最低。

所以,从这个角度上说,同事,包括客户甚至上司在内,只要能互相帮助,在相互交往中能使你学到许多东西的人,都可以算作你的朋友。在心里划分清楚,区别对待,你会发现,自己手里的这张友情牌比你想象得还有价值。

在交朋友的过程中,要牢记以下几个弹性的原则。

(1)不是敌人就是朋友

有些人的原则是"不是朋友就是敌人",这样做会使敌人一直增加,朋友一直减少,最后使自己被孤立。所以,应该改为"不是敌人就是朋友",这样,朋友就会越来越多,敌人则会越来越少。

俗话说,人无千日好,花无百日红。没有永远的敌人,也没有永远的朋友,敌人会变成朋友,朋友也会变成敌人,这就是现实。当朋友因某种缘故而成为你的敌人时,不必太忧伤感叹,因为有一天,他可能会再成为你的朋友。有了这样的认知,你就能以平常心来交朋友。

(2)放下你的身架

千万不要以为自己是老板或是博士,就可以不用去理会一个普通员工,这种身架会使你交不到朋友。事实上,企业中的每一位员工都有各自的专长,当团队中的某个成员在工作中出现问题或者需要帮助时,我们应在做好本职工作的同时,尽量对他们施以援手。尽管大家的职责不同,擅长的事物也不尽相同,但只要有爱心,一点一滴的关怀和帮助都会激励他人努力完成工作。这样与同事一起工作时,气氛就会融洽得多,我们也会从中得到更多的快乐。搬开别人的绊脚石,有时恰恰是为自己铺路——帮助同事即是帮助自己。

(3)别感情用事

在工作中,当你想要帮助同事的时候,一定要征求对方的意愿,并遵照对方的意见帮忙,千万不要贸然行动。

你是我最想要的朋友

马江毕业后进入一家电子公司工作。一次,公司派同事小李去一家公司安装电脑程序,这种程序是ERP(企业资源计划)企业管理软件,马江对其具体操作还不太熟练。因为小李中途有事,耽误了一天,客户打来电话后,马江没有征求小李的意见,便抱着替他帮忙的态度去了那家公司。结果,因为他对程序生疏,安装过程中出现了失误,害小李又多忙活了两天,并且差一点惹怒客户,给公司带来了损失。

另外,切忌私底下过多帮助自己的同事,因为私底下帮助同事,往往可能会脱离工作范围。

私底下可以偶尔帮忙,而且要让对方清楚你在卖他一个人情。该拒绝时,还是要明白地说"不",当对方知道你帮忙的分寸和底线后,自然不会再三试探。

9.好朋友是个人自我价值的最佳评估

身为社会中的一份子,我们的一生都在不断地受到他人的影响,其中有父母、师长对我们的谆谆教诲,也有上司、领导对我们的提拔,或同学、朋友生活上的关心。从他们的身上,我们能够更客观地看清自己,认识社会。

首先,朋友是我们认识自己的一面镜子。

每天早晨上班前,我们都会照照镜子,看看自己的打扮是否合身,脸上是否有异物,头发是否梳得服帖。人们通过有形的镜子,可以检查自己的仪容外表。人际交往中,我们也需要这样一面镜子,以比照自己的行为是否合理。

大部分人都无法准确地描述自己的优点和缺点,常常要在做错事情或者受到他人批评的时候才会有所感悟。而且人的阅历和精力有限,不可能事事亲力亲为,因此,我们有必要把身边的人看作认识自己的镜子,用他人的言行得失和经验教训衡量自己,以起到警示的作用。

值得注意的是,人有忠奸之分、君子小人之别,这就要求我们要精心挑选"镜子",选择品德高尚、能力优秀的人为镜,而不是以心地邪恶、德行低劣的人为镜。

其次,朋友是我们获知竞争对手信息的重要来源。

不管是生活中的人际交往,还是企业间的商战策略,都讲究"知己知彼,百战不殆"。如果你想战胜对方,就必须掌握他们的特点。比如,男孩追求女孩时,需要事先向女孩的朋友打听到女孩儿心仪的恋爱对象标准,她喜欢什么样的礼物,讨厌什么样的习惯等,掌握一切情报之后,再全面武装自己,这场攻擂战胜出的概率就会更大。企业之间的竞争也需要事先了解到对方的特点:是否重视员工的技能培训,有无专门的商业性组织,同行业中的名声如何等。朋友网无疑是了解这些信息的最佳渠道,而且大部分都真实可靠。当然,在了解竞争对手的情况后,你要做的是取长补短,保持自己的优势,缩小与对方的差距。

最后,朋友能帮助我们更好地了解现实的世界。

对于这个世界,我们习惯通过自己的经验或者书刊、报纸等传统媒介来认识。但是,相对于真正的社会而言,自己生活中的体验实在太有限,就像青蛙的"坐井观天"一般,看到的只是很小的一片天空;书刊、报纸等媒体所提供的也不过是一些毫无感情的信息,仅依靠这些我们不能对生活做出准确的判断。

你是我最想要的朋友

这个世界有各式各样的挑战与惊喜在等待你去发现，而你那由个人经验塑造出来的世界观，会随着人际关系的不断扩大而逐渐得到修正。简单而言，只有与人交往才有可能了解真正的现实社会，延伸自己的世界观。

与人交往时，与别人有相同之处往往更容易成为朋友。俗话说，物以类聚，人以群分。相互之间有共同语言，自然就不会有沟通障碍。朋友资源网络中，具有相同工作或类似经验的人越多，越有利于一个人从中汲取新知识、增长见识，也更容易看到自己的缺点与不足。

每个人的能力往往是多样的，不可能只有一种，朋友资源网络越广阔，不仅已有的朋友资源之间能力可能出现互补，还能吸引更多具有不同能力的人加入，使朋友资源网络涉及的方面越来越广，效力越来越强。对于个人而言，则有助于一个人成为复合型人才。

第二章

有了朋友圈,发展事业才有靠山

你若想在职场生活中平步青云,就必须先换一种态度来对待你周围的每一个人,让自己变身为职场的朋友圈达人,让你的朋友真正地发挥效用。

1.借助朋友关系,成就一番事业

朋友是人脉资源中最重要的一部分,运用得好,能给自己的事业助上一臂之力。朋友也是我们可以信赖的贵人,在其庇护之下,事业更易登上一个新台阶。

曾经获得"全国十大女性风云人物"称号的新大陆集团董事长王晶并不像其他商界明星一样有名。但她却是实达公司创业者中唯一的一位女性,并且在对实达当年所从事的POS(销售终端)终端产品一无所知的情况下为实达构筑了公共关系与人力资源平台。

而让她欣慰的是,她在这个过程中积累起来的人脉关系以及经验,在她与实达第一任总裁胡钢走出实达后的二次创业中发挥了异常重要的作用。在王晶看来,她的创业历程中总有许多神奇的事情发生,每每谈起这些奇妙的故事,就必然会谈起她身边众多的朋友,特别是新大陆第三大股东德国人汤姆与她在新大陆创业成长中的故事。

"1992年由于项目合作的原因,我与汤姆认识,此后成为好朋友。新大陆创业时根本没办法从银行贷款,是汤姆每年无息借给新大陆流动资金。后来,我们以每股2元溢价出售部分股权给这位德国朋友,由此,他成了新大陆的股东。新大陆创立以来,每年增长都是接近100%的速度,他的投资也获取了很好的收益,对此,他非常高兴。"

"朋友总是在我最需要的时候出手帮助我。"王晶在回忆起当年新大陆上市时的一些故事时说,"我们一直请求科技部帮我们向中国证监会推荐新大陆,后来在科技部的大力支持下,总共有5家企业成了双高论证准许试点上市企业的高科技企业,新大陆是最后一家带着额度上市的民营高科技企业。"

"朋友是我一生的财富。"王晶说。实达与新大陆创业过程中,技术人才与行政管理人才的挑选几乎都是她在操作,"如果我不再创业,我想我会是一个非常好的猎头公司经理人选,福建省人事厅在当年我离开实达时就力邀我从事这方面的工作。"

在成功的道路上,成功的朋友交际圈占据了不可替代的重要作用,拥有朋友的鼎力相助,还有什么事办不成呢?

2.同行不妒,什么事都办得成

都说"同行是冤家"。面对同一领域的竞争对手,很多人常常会怒目而视,相互排挤,非要争个你死我活才肯罢休。其实,在同行业之间,竞争能够催人奋进,合作也有利于在互惠互利的基础上实现共赢,为大家创造一个良好的经营环境和利润空间。

聚沙成塔,集腋成裘。一个人的力量总是有限的,如果能够与同行业的竞争对手精诚合作,则能弥补各自的不足,借"对手"之力,达到双赢的局面。一代奇商胡雪岩就非常注重同行间的合作,他说:"同行不妒,什么事都办得成。"

在太平天国兴起的形势下,各地纷纷招兵扩军、开办团练以守土自保,尤其是江浙一带,直接受到太平天国的威胁,自上海失守后,这里人心惶惶,防务亟待加强,当地部队更是大办团练、扩充军队。有了兵就要有兵器,因而各地急需大批洋枪洋炮。胡雪岩正是看准了这一点,才决定充分利用自己在官场上的关系,大做军火生意。

实际上,胡雪岩对买卖洋枪的门道几乎一无所知,但胡雪岩会"变",他对古应春拱拱手说:"你比我内行多了。索性你来弄个'说帖',岂不爽快。"一句话,就把担子压到了古应春的肩上。

古应春本事的确不错,提笔构思,转眼就把"说帖"写好,而且笔下生花,行文流畅漂亮。尽管胡雪岩自己动笔不行,但他却特别会看,而且目光锐利。他一眼就发现"说帖"好是好,就是写得太正统了,把洋枪、洋炮的好处原原本本谈得很细,读起来很吃力。于是,为了让"说帖"能够打动官府的决策人,胡雪岩建议古应春采取"变通"的方法,说英国人运到上海的洋枪数量有限,卖给了官军,就没有货再卖给太平军,所以这方面多买一支,那方面就少一支,出入之间,要以双倍计算。换句话说,官军花一支枪的钱,等于买了两支枪。

然而,在决定买枪之后,古应春接下来"除了洋枪,还有大炮,要不要劝浙江买"的问话却让向来果断的胡雪岩有点儿犹豫。经过再三考虑,胡雪岩最后放弃了买火炮的打算。原来,浙江有个叫龚振麟的,曾经做过嘉兴县的县丞,道光末年就在浙江主持"炮局",浙江炮局主要就是制造火炮。胡雪岩认为,如果他买进西洋炮,由于西洋炮威力大、质量好,必然要顶掉浙江炮局制造的土炮,这样势必会侵害到炮局的利益,引起炮局的妒忌。他们为维护自己的利益,肯定会利用自己多年建立起来的影响,大肆挑剔买洋枪洋炮的弊端,反对浙江购买洋枪洋炮。如此一来,不仅洋炮买不成,恐怕就连洋枪也买不成了。

基于这种对人情世故的考虑,胡雪岩决定舍洋炮而买洋枪,不仅有效避免了对炮局利益的触及，同时又选择了一条与众不同的经营项目，另辟市场，不至于引起同行的反对。虽是同行，却能够做到和平共处，这是胡雪岩为了生意的成功而寻求的外部环境。他取枪舍炮的做法，看似缩小了自己的市场，实际上却是为了开辟另一市场而做出的必要让步，在这一新市场上，他不会遭到同行的妒忌和反对，也没有竞争，从而营造出了良好的经营空间，赢得了更大的利润。

由古至今，善于结交对手的人，总能打开别人难以打开的局面。

在新加坡，有个地方叫"好客天国"。这个地方，白天是免费停车场，晚上则是小摊王国，摆满了各式各样的小吃摊，天南海北的风味小吃应有尽有。在这里，顾客随便坐在一家摊位上，吃了这家的食品，如果还想吃其他风味的，摊主马上就会派人取来奉上，结账时只要向这家结就可以了。顾客感到非常方便，摊主之间也从未发生利益上的纠纷。这样彼此合作，相互依靠，既保证了自己的好处，又照顾了别人的利益。

相反，如果一个人只知经营自己的事业，把同行对手全都当作敌人来对待，那么，他的利益必然不会长久。

所以，同行之间不仅要竞争，更要合作。依靠对手的力量，将目光放远，舍小利而逐大利，你才能取得最大的利润。

对生意人来说，防止与人争斗，是赚钱经商的优良习惯。在商业中，我们必须重视人与人之间健康、友善的关系，处理好人脉关系是事业成功和发财致富的关键。"和"为原则，"善"为宗旨，避免与同行发生矛盾冲突，你就能创造出无穷的财富。

3.同事既是朋友,又是贵人

同事既是朋友,又是贵人,他们能够在职场上给予你帮助,顺时助你锦上添花,逆时帮你雪中送炭。所以,平日里你要努力维护自己的人脉关系网,把同事处成朋友,使之变成自己的贵人。

很多人都认为,同事之间有竞争的利害关系。每个人都追求工作业绩,希望赢得领导的好感,获得升迁,但升迁的机会有限,你得到了,别人就没有了,加上还有其他种种利害冲突,如此看来,似乎同事之间有着不可调和的矛盾。但这并不是绝对的,无论怎样,多一个朋友总比多一个敌人要好。你要做的就是寻找志同道合的同事,把他们变成自己的朋友。

在35岁以前,刘芳一直都以存钱为乐趣。那时,刘芳还在一家效益并不是很好的服装厂上班,每天工作8小时,月底时到财务科领取3000元的工资。拿回家精打细算一番之后,留下柴米油盐、水费、电费等必要的开支后,便把剩余的钱一分不落地统统存进银行。日子虽不能大富大贵,但看着存折上不断增加的数字,刘芳感到非常满足。

可是在刘芳36岁那年,这种状况被打破了。服装厂倒闭,刘芳失业了,老公的工资连每月最基本的开支都不够,更别说存钱了。眼看着存折上的数字越来越小,在这捉襟见肘、一筹莫展之际,她求助于朋友,看看有没有哪家公司需要招人。可是朋友们反馈来的信息都是目前没有公司有招聘意向。

正在犯难的时候,以前的同事王云给她打来了电话。

第二章 有了朋友圈,发展事业才有靠山

王云说话开门见山:"听说你失业了,有一个品牌服装虽然名气不是很大,但很有市场潜力,做这个品牌在你们地区的代理商,一定有钱赚。"刘芳听了连连摇头:"这种大生意不是我能做的。"王云却说:"生意再大也是人做出来的,资金方面你不用担心,业务上我也会帮忙。"见王云如此诚心,刘芳便答应先试试。

于是,接下来的日子,在王云的帮助下,刘芳与厂家签订了代理合同,并按照她的指导逐一到本地的各大商场联系业务。这样忙活了一个多月,一算账,刘芳竟有了5万多元的赢利。

后来,刘芳从别人口中偶然得知,这个生意原本是王云要自己做的,她已经认真地考察过市场了,认为绝对有钱可赚,后来却不知为何会把这个大好机会拱手让给刘芳。刘芳满心疑问地找到王云,王云笑着对刘芳说:"虽然与你已经好多年不来往了,可你这个朋友却是我永远放在心里的。"

原来,几年前王云初涉商海,由于经验不足,一次投资失败亏了个血本无归。她想从头再来,可是没有资金,只能找朋友们借钱。可她当时的状况,没人敢借给她。她借来借去便借到了刘芳家。其实,她当时并没抱太大希望,因为她与刘芳以前只是同事,并没有深交,再说刘芳那时有一个"葛朗台"的外号,足可见其节俭的程度。可刘芳听她讲完之后,想了想便到银行取了3万元钱给她,并说:"这3万元是我所有的积蓄,你拿着,我相信你一定能东山再起。"

一年后,王云拿着5万元钱来还账,刘芳只收了自己的3万元钱,那2万又让她拿回去了。刘芳当时借给她钱并没想过回报,只是觉得王云并不是一个赖账的人,再者,刘芳觉得谁都有遇到难事的时候,能帮一点就帮一点。

王云对刘芳说:"当初要不是你的3万元钱和支持,我不会有今天,我帮你做这个生意,全当是我还你的利息吧!"

当然，同事也分很多类型，有些同事值得深交，能变成朋友；有些同事不仅是朋友，更是自己的贵人；但也有些同事仅仅只是同事而已。

下面这些都是你职业生涯中不可或缺的能成为你贵人的同事。

(1)赏识你、帮你晋升的同事

这样的同事比较欣赏你的为人和工作能力，他们觉得你是潜力股，相信你的决策方向。与之深交，你的付出会变得更有价值。

(2)给你工作机会的同事

这样的同事比较了解你，很清楚你的职业规划，明白你在这个行业里的爆发力。一旦有机会，他第一个就会想到你。

(3)在背后说你好话的同事

这样的同事从来都没有放弃过你，常常在背后说你好话，为你创造机会，坚定地支持你。

事实上，要知道对方是不是你的贵人，你可以看看他能不能在关键时刻拉你一把。这样的同事平时特别赏识你，比较相信你，在你有困难的时候，他们往往会伸出友谊之手，帮你渡过难关。

4.和同事交往的技巧

知道了什么样的同事能成为你的贵人后，你就需要在平时有意识地跟他们结交相处。

第二章 有了朋友圈，发展事业才有靠山

小李是位业务能力很强的员工，由于天生性格温顺，无论与上司、同事还是合作伙伴在一起，他从没和别人红过脸，或产生过任何摩擦，所以工作上十分顺心。

与小李同期进入公司的小马，虽然业务能力比不上小李，但他和同部门上司、同事之间的关系则要比小李更亲热一些。在同事的帮助与支持下，小马的事业也是蒸蒸日上。

小马很重视自己在公司里的人脉关系，每次不管见到上司还是同事，他都会热情地打招呼。他还经常和同事们一起参加聚会，而且消息灵通，同事们家里的红白喜事他都知道，每当这时，他都会送上一些鲜花、巧克力之类的小礼物，礼虽然轻，却让同事们觉得很贴心。

而小李则对公司内部的各种活动表现得有点儿漠不关心，他不希望这些事情影响到他为了"自我提升"而排得满满的日程。比如，他每天清晨6点要去参加英语角；下班后则直奔健身房，进行1个小时的身体锻炼；晚饭后，还要去培训班上课。所以，公司的各种大小活动中都很难看到小李的身影，最多只会接到他的问候电话。

在他们进入公司后的第三年，发生了一件小李预料之外的事情：一向被认为在业务能力和综合实力上都比自己低一等的小马，竟然被提升为部门主管，而自己则被通知参加下一年的升职考试。

这件事情给了小李一个不小的打击，他对此感到十分后悔和苦闷，变得越来越不自信。在这样的心态下，一直让他引以为豪的业务能力也慢慢削减了。

我们身边可能也经常看到类似"小李和小马"的现象。有些人非常能干，公司领导非常重视，同事也非常敬佩他们，但他们总是让人感觉"有点冷"，不太好接近。不过，和他们出色的业绩比起来，这似乎只是个小缺点。

还有一些人,他们一开始能力一般,唯一突出的特点就是大家都愿意和他们在一起,和他们相处很愉快。但渐渐地,这些人变得不一般了。他们好像有"眼观六路、耳听八方"的本事,总在无形中影响着公司的"士气",甚至左右着公司的决策。

正像案例中的小李与小马,擅长经营人脉的人,才是最有远见的人。比起专业能力强的人,他们可能一开始不太"显眼",却能成为"笑到最后的人"。

所以,我们应该学习和同事交往,以下是一些需要掌握的交往技巧。

(1)向新同事提供善意的帮助

帮助别人是与别人建立友谊的一种有效方式。新到的同事对手头的工作还不熟悉,但是又不好意思向人请教。这时,你最好主动去关心帮助他们,此"雪中送炭"之举往往会让他们铭记终身,从而使他们在今后的工作中更主动地配合和帮助你。

(2)乐于从老同事那里吸取经验

有机会时,不妨听一下老同事的见解,尤其是那些资历比你长,但其他方面比你弱一些的同事,你的谦虚和尊重定会让他们深受感动;而那些能力强的同事,则会认为你善于进取,从而乐于关照并提携你。聪明的人不会自持能力强而自视甚高,不买那些老同事的账。

(3)有困难及时向同事求助

有些人从来不爱求人,认为那会给别人带来麻烦。其实,有时求助别人反而能表明你对别人的信赖和看重,能在一定程度上起到融洽关系和加深感情的作用。

(4)有好事就告诉同事

公司里有了什么好事,你若事先知道了,就告诉同事,让他们分享这份快乐。比如,逢年过节的时候,单位里经常会发一些物品、奖金等。如果你一声不吭,同事就会认为你不合群,缺乏共同意识和协作精神,更不会把你当朋友看。

(5)要学会安慰和鼓励同事

当同事自己或者家中遇到不幸,工作情绪非常低落时,如果你能主动安慰和鼓励他,他一定会对你感激不尽。

但是,在与同事交往过程中,也需要注意以下禁忌。

(1)不要轻易与同事发生金钱往来

有句话说得很好:"假如你想破坏与朋友的友谊,只需向他借钱就行了!"这句话也适用于同事关系。考虑周到的人总会在身上多装一些钱,尽可能地避免向同事借钱,即使借了钱,也会尽早地还给同事。

(2)不要让自己的"愚直"招来灾祸

诚实和坦率表面看来很可爱,然而,若任意使用,就会把友谊和事业慢慢拖入泥潭之中。每个人心中都有一个想象出来的良好的自我形象,不容许任何人诋毁,更不能忍受心直口快的人把自己的弱点说出来。

(3)同事被上司责备时,不要立刻安慰

当同事被上司当众责备的时候,不要立刻安慰他,因为他这时的感情是最脆弱的,你的安慰不仅会招来上司的不快,还会进一步加深同事被当众批评的羞辱感。最好是在下班后,把同事单独约出去,然后慢慢安慰鼓励他。

5.让上司成为你升迁的贵人

有个上司做贵人,肯定能使你很快得到提拔。这可能是你职场晋升的最快路线。

2002年,《时代》杂志评选出全球最有影响力的25位商界领袖,钟彬娴是唯一入选的华人女性,她的成功之路被许多人认为是一个奇迹,而奇迹中蕴含的奥秘看起来却很简单。

1979年,钟彬娴以优异的成绩从普林斯顿大学毕业。当时她决定在零售业锻炼一段时间,然后再进入法学院学习法律。在她看来,零售业的经验将对她的法律学习有很大的帮助。于是,她加入了鲁明岱百货公司,成为了一名管理培训人员。

当她真正直面零售工作,与客户打交道时,才体会到了工作的艰辛。但她没有放弃,而是决心在工作中开拓自己的人脉。

幸运的是,在鲁明岱百货公司,钟彬娴遇到了公司首位女副总裁万斯。此人自信机智,讲话清晰有力,进取心强。钟彬娴意识到,想在竞争残酷的商业社会叱咤风云,就必须摆脱亚洲人服从特性的束缚。于是,为了向万斯学习丰富的工作经验和技巧,钟彬娴像对待老朋友一样对待万斯,用心与之交流,用真诚和她互动,很快就取得了万斯的信任,让她充当自己的职业领路人。

在万斯的帮助下,钟彬娴在鲁明岱百货公司升迁很快,一跃成为销售规划经理、内衣部副总裁。

第二章 有了朋友圈,发展事业才有靠山

后来,钟彬娴开始兼任有着110多年直销历史的雅芳公司的顾问。在雅芳公司,钟彬娴卓越的才华和超凡的人脉拓展能力吸引了雅芳CEO(首席执行官)普雷斯的注意。7个月后,她正式加盟雅芳公司。时间长了,她发现在这里没有挡住女性升迁的玻璃天花板,女人也可以有很宽广的发展空间。很快,钟彬娴便在雅芳拥有了自己的人脉资源,并凭借卓越的管理才能获得了高管普雷斯的认可,与之结为好友。

1999年11月,在经济高速膨胀时期,雅芳的股票却大幅下滑,销售量下降。这时,普雷斯力荐钟彬娴继任CEO接手雅芳。20个月内,钟彬娴从加工、包装、广告、销售等各个环节对雅芳进行了大检修,使雅芳焕然一新。更令人称道的是,她没有放弃雅芳原来的销售队伍,而是采取各种措施使这支队伍重现活力。钟彬娴延用老员工,无疑是一种广植人脉的策略,此举也使她的每一项改革工作都获得了公司员工的大力支持。

在钟彬娴成功的道路上,万斯扮演了一个非常重要的角色,她的提拔造就了后来的钟彬娴。正如钟彬娴所坦言的那样:"万斯女士是我的职业领路人,不愧为金发'洋伯乐'。有些人只是傻傻等待好运临头,可机遇是等不来的。而我却不是这样,我建议人们要抓住能带你飞翔的人的翅膀!"

当我们走进社会,进入职场以后,文凭的作用会逐渐淡化。职场上,谁对你的未来最有影响力?谁对你的表现最有话语权?当然是你的顶头上司。

如果你能成为上司眼中的红人,他不仅会在工作中指导你,帮助你,督促你事业的发展,为你提供咨询,还会在人际矛盾中帮你排除困难,对你的晋升也能助一臂之力。

上司就是你的梯子,借助他的力量,你前进的阻力会小很多。想在职场上尽快获得升职加薪的机会,从工作的第一天开始,就应该选择一位

老板或者上司作为自己的贵人。有了他们的提携和帮助,你便能进步飞快、提高迅速,从而在最短的时间内攀升到你意想不到的高度。

6.摒弃间隙,做上司的左膀右臂

在职场中,资深员工都会告诫"职场新鲜人":要努力,更要会沟通。意思是说,与领导建立良好的关系并获得赏识,工作起来就会比较顺风顺水。可有的人偏偏认为与领导搞好关系是走旁门左道,只有拿出好的业绩才是真本事,于是只知闷头做事,忽略了人际交往。

上司也是人,也需要被人尊重和重视。那些见到上司就像老鼠见到猫,总想绕道走,对待上司就像对待天敌的人,只会与机会擦肩而过,迟早会被上司逐出视野之外。

小A进入公司三年来,工作兢兢业业、勤勤恳恳,她总能出色地完成公司交给她的任务,是大家公认的业务骨干。可小A哪里都好,就是与自己的顶头上司不融洽。

她的顶头上司老吴是个职场老油条,凭着多年的行业积累,在主管的职位上坐得四平八稳,平时经常利用上班时间炒股票,这让性情耿直的小A十分看不顺眼。再说,接触的时间长了,老吴的一些缺点也在小A面前暴露无遗,比如气量狭小,爱在女同事面前讲黄段子等,这些毛病都让小A对老吴产生了鄙薄之意。因此,在平时的工作中,小A对老吴能躲则躲,私下里也经常牢骚满腹。

第二章 有了朋友圈,发展事业才有靠山

久而久之,小A的这种心思自然就流露到了她的日常表现上,老吴看在眼里记在心上,认为小A虽然业务能力强,但清高孤傲,不尊重领导,渐渐地便有了"壮士断腕"之心,想将小A扫地出门。

年底公司准备给每位员工续签合同,业务骨干小A却在大家惊愕的表情中接到了公司人事部门"不予续签劳动合同"的通知。

作为一名员工,在部门里唯一有资格对你进行综合评判的便是你的顶头上司。你的业务能力再强,销售业绩再高,如果与上司之间关系不够融洽,甚至处于对峙状态,时间久了,上司也会从"团队建设""是否安心本职工作"等其他方面给你挑毛病,让你无法安心工作。换句话说,如果你既不属于上司的嫡系人马,又与上司关系紧张,即使像老黄牛一样勤恳,也难以成为上司的左膀右臂。

在职场上混饭吃,你要想成为上司的左膀右臂,就必须和上司全面地接触,学会利用和创造各种各样的机会。只有经常有意无意地亲近上司,让他记住你,了解你的意见和想法,你才有可能收获意外的惊喜。

因业务发展需要,H图书公司的编辑中心新招了几个刚毕业的年轻人。为表达对这批"新鲜血液"的厚望和鼓励,他们的顶头上司龚主任决定宴请他们。酒店离公司不远,新人们三三两两结伴而行,唯独将比他们年长二十几岁的龚主任抛在了一边。也许他们觉得自己都是小字辈,跟龚主任难有共同话题;也许他们觉得龚主任是上司,出于敬畏之心而自然地产生了距离感,所以几个人都跟在龚主任后面十几米远。

新来的刘艳梅将此情形看在眼里,不免替龚主任尴尬。怎么办才好呢?在进入酒店落座之前,刘艳梅借故先去了趟洗手间,回来一看,果然不出她所料,龚主任坐在中间位置上,他两旁的座位都是空着的,而其他几位同事都隔着龚主任坐着,或谨口慎言,或局促不安。看见龚主任强挤

出笑容的样子，刘艳梅赶紧说："咱们都往一起凑凑吧，显得热闹！"说完，便很自然地坐在了龚主任身旁的空位上，并对龚主任投来的赞许目光报以会心一笑。

刘艳梅的做法巧妙而自然，很好地缓解了陌生环境下出现的尴尬气氛。可惜的是其他几位新编辑，本来可以借此机会与龚主任亲近、交流一下，可他们却浪费了这天赐良机。

那次晚宴，刘艳梅给龚主任留下了非常好的印象，觉得她是个可塑之才。在今后的工作中，从选题策划到作者资源，再到市场营销，龚主任都对刘艳梅知无不言、言无不尽。在龚主任的帮助下，刘艳梅的业务能力自然得到了大幅提升，在同批进来的同事中脱颖而出。

俗话说，做事不看东，累死也无功。在职场中，要是没有领导尤其是顶头上司的赞赏和支持，是很难得到提升的。

所以，在不断地提高自身业务能力的同时，你也要时刻寻找并抓住与上司接近的机会，激活自己的人脉，让上司更多、更全面地认识你，对你产生好感、信任，乃至依赖，有朝一日，当你成为上司的左膀右臂，离你在职场中过得如鱼得水的日子也就不远了！

因为自卑心和恐惧心理作祟，许多人不愿意跟上司有工作之外的更多相处，甚至怕别人看到说自己是在拍马屁，善于钻营。其实不然，持重的上司都很愿意给员工留下一个和蔼可亲的印象，他也希望员工对他亲近相随，敬意有加。既然如此，放下你的顾虑，创造一些与上司单独相处的机会吧，哪怕是你刻意设计的一次"偶遇"。

7.有了强大的朋友圈,还要拥有相应的工作能力

如今这个时代,人们的工作交往更加规范化,在与工作有关的合作中,熟人的"感情"往往是靠不住的,稳定的关系必须靠能力来建立。这的确有些冷酷,可对于想打造自己的职场朋友圈、商务朋友圈的人来说,这是事实。

在工作岗位上,良好的人际关系是指"要是他的话,我可以放心交代工作"这种透过工作能力而建立起来的相互信赖的关系。

李丽是一个相当"会做人"的保险业务员,不论谁,她都会表现得如同对方是她这辈子最要好的朋友一样,极尽所能地关心对方。

可有一次,一位客户因盲肠炎做手术,请她帮着申请理赔金,她却拖了两个月都没下文,最后甚至索性不接客户的电话。这种"过河拆桥"不负责任的做法,使李丽的"职业形象"一落千丈。

所以,不论你再怎么笑容可掬、舌灿莲花,如果你分内的工作做不好,甚至影响到别人的实质权益,再好的交情都没用。

做好工作,首先意味着你要拥有"被别人认识"的价值,对别人有用,可以用自己的专长来为别人服务。职场间的人际关系,必然以互惠、互助、互利为基础。如果一个人工作认真负责,即使他现在人微言轻,人们也会欣赏他的工作态度和潜质,进而愿意和他保持长期密切的合作关系。

你是我最想要的朋友

小张大学毕业之后开始做高端产品的销售，因为没有很好的人际关系基础，又缺乏拓展人际脉络的经验，所以他的销售业绩一直不见起色。

无奈之下，小张只好求助于以前的大学同学。但他很快就发现这些老同学虽然"交情"是没得说，也都真心实意地帮忙，但因为他们和自己一样，都是初出茅庐的小青年，除了给自己一些安慰和鼓励之外，起不到什么实际的作用。

于是，小张做出了一个大胆的决定：学打高尔夫球。他不惜花费高昂的代价去参加会聚大量高层人士的高尔夫俱乐部。因为小张发现，自己的客户应当是处在中高档生活阶层的人士，而自己平时接触的人都是一些普通的工薪阶层，所以，他必须改变自己的朋友圈子。

实施"高尔夫策略"之后，小张的办公室转移到了高尔夫球场。很快，他结识了不少成功人士，业绩也日渐好转。这时，他发现了一个有趣的现象：别人开始主动来找他了！原来小张和高尔夫球场上那些大老板来往甚密，很多人通过第三者介绍来主动结识他。由此，小张进一步通过自己的工作关系建立了更优质的朋友网络，很快，他便被提升为公司的销售经理。

广众的朋友圈与实际的工作能力，这二者是相辅相成、缺一不可的。千万不要以为有了"好交情""硬关系"之后，不学无术也能成功。在商务社会中，朋友的构成要素有以下几点。

(1)双方愿意进行"利益交换"。

(2)双方的"期待值"在某种程度上是一致的。

(3)双方愿意长期来往，但不会把"关系"固定化。

而所谓"私人关系"的朋友，有时的确很珍贵，在商业活动中使用私人关系，很多事都可以"开绿灯"。但是，这种"私人关系"的作用是有限的，如果谁因为借助"私人关系"往上爬,就会被别人贴上"不劳而获"的标签,在职场人际圈子里,他很有可能因此遭到团体的排挤。

只有那些只顾眼前利益的"新手",才会幻想通过"交情"或者"私人关系"达到不劳而获的目的。那些一流的朋友圈高手们,从来不会把宝押在"私人关系"上面。因为他们明白,所谓工作朋友,就是在自己所处的工作环境中,与对方共同成长,互相为对方提供利益。而私人的"交情"与商业活动中有效的朋友,在本质上是不同的。

8.像管理钱包一样管理名片

名片是职场人士沟通交流的必备工具,无论是自己的名片还是收到的别人的名片,都要进行有效的管理,这样才能使人脉流动并保持鲜活。

很多粗心的人在参加完一次大型聚会后名片倒是收到不少,可是一回到公司或家便随手一丢。殊不知,小小名片也有其大作用,它可是你人脉管理中一项重要的资源。

在世界推销大师乔·吉拉德的眼里,名片是一件不可忽视的利器。他常常提着一万多张名片去看棒球赛或足球赛,当比赛进入最高潮的时候,他会兴奋无比地站起来,将手里的名片大把大把地撒向空中,让自己的名片在空中漫天飞扬,此举竟然真的为他销售出更多的汽车创造了很多机会。

可以说,名片就像他的钱包一样,如果忘记带了,就会浑身不自在。就算是吃饭结账,他也不忘在付小费的时候赠给对方一张自己的名片;在给人寄送信件和明信片时,他也会顺带附上一张自己的名片。乔·吉拉德说:"我在不断地推销自己,我没有将自己藏起来。我要告诉我认识的每个人,我是谁,我在做什么,我在卖什么,我要让所有想买车的人都知道应该和我联系。我坚信推销无时无刻不在进行,但是很多销售人员往往意识不到这一点。"

名片为乔·吉拉德持续地积累人脉资源立下了"汗马功劳",他一生共销售出13001辆车,最高单月销售纪录为174辆,平均每日售出约6辆车。这些纪录自他1978年1月宣布退休后,至今仍未有人能打破。

名片就是有这样神奇的效用,如果管理得当,它将是你的一张金字招牌,给你带来源源不断的财源;如果管理不妥,你则有可能失去一个朋友,一单生意,甚至是一次重大的机会。

在名片的管理中,有几点你不得不谨慎。

(1)对名片进行详细记录

当你和他人交换名片时,务必要记录与对方会面的人、事、时、地、物。返回公司或住所后,要回忆一下刚刚认识的人,记住他的姓名、企业、职务、行业等。以后每隔一段时间,就主动打电话或发短信、电子邮件,向对方表示与之结识的愉快,或者适当地真诚赞美对方的某个特长,回忆你们愉快的相处细节,让对方加深对你的了解。

(2)对名片进行分类管理

你可以按行业分类,也可以按地域或按人脉资源的性质来分类。只有分类明确,你才能在最关键的时候,以最快的速度找到最需要的人。

(3)养成经常温故名片的习惯

工作间隙,生活之余,翻看一下你的名片档案,适时问候,保持联系,让对方感觉到你的存在和对他的关心与尊重。"平时多烧香,急时有人帮",说的就是这个道理。

(4)定期清理

每隔一段时间就将你手边所有的名片与相关资源做全面性整理,依照重要性、使用概率、数据的完整性等因素将它们分成三类:第一类是一定要长期保留的;第二类是不太确定,可以暂时保留的;第三类是确定不要的,将确定不要的销毁处理。

9.背后说人好话

世上背后道人闲话的人不少,被说之人一旦知道便会火冒三丈,轻则找闲话者当面对峙,重则与闲话者绝交。因此,人们都将背后说人闲话当成一种忌讳。但是,背后说人优点却有佳效。

如果你当着上司和同事的面说上司的好话,其他同事势必会说你是在讨好上司,从而招致周围同事的轻蔑和排挤。而且,这种正面的歌功颂德所产生的效果其实很小,甚至会有反效果的危险——面对你的恭维,上司很可能脸上挂不住,认为你不真诚。而背后说别人的好话则没有这些顾虑,效果远比当面恭维人要好得多。

日常生活中,如果我们想赞扬一个人,不便对他当面说出或没有机会向他说出时,可以在他的朋友或同事面前适时地赞扬他一番。在背后说人好话,不仅能使别人对你产生好感,更重要的是,他会觉得你的赞美毫不虚伪,从而在今后用实际行动来报答你。假如这个人是你的下属,他可能会因此更加努力地工作;如果是你的上司,则很可能会在今后的工作中重用你。

　　事实上,在我们的周围,这种方法可用之处不胜枚举。例如,父母希望孩子用功读书时,如果整天教训孩子,很难起到大的作用。假如孩子从别人嘴里知道父母对自己的期望和关心,以及他们在自己身上花费的心血,则更容易产生动力。当然,我们在对别人进行评价时,也可以采用这种方法。例如,夸奖别人时,可以故意在他的家人或者朋友面前赞美他,这能收到不错的效果。

第三章

朋友圈必备的几种人

一个朋友圈经营高手,并不是认识的人越多越好,也不是认识的人越重要越好,而是应学会精心挑选自己的朋友,把朋友控制在一个适度的范围中。

你是我最想要的朋友

1.贵人——一根绝处逢生的稻草

人生之路充满艰辛,幸运的是,我们会在人生的道路上遇到一些能够提携、帮助我们的贵人。

美国历史上出现过两位罗斯福总统,老罗斯福是西奥多·罗斯福,而小罗斯福——富兰克林·罗斯福则是老罗斯福的侄子。

小罗斯福进入哈佛大学以后,一直想出人头地。哈佛大学同其他的美国学校一样,十分重视体育活动,可小罗斯福的体格使他不能在这方面有所发展。他身材较高,但体重却不及常人,因此橄榄球队、划船队都未能入选。眼看在体育方面毫无出路,小罗斯福决定另谋他途。

他看中了哈佛校刊,做校刊的编辑是非常引人注目的,然而这并非易事。为了达到目的,他巧妙地利用了其堂叔老罗斯福的影响。

老罗斯福当时正担任纽约州州长。小罗斯福来到堂叔家里,称哈佛学生都很崇拜老罗斯福,尤其想听听老罗斯福的演说,一睹州长的风采。老罗斯福一高兴,就来到哈佛大学发表了一场演说,演说从头至尾都由小罗斯福一手操办,而且演说完后,老罗斯福又接受了小罗斯福的独家采访。这样一来,校刊编辑部便注意上了小罗斯福,认为他有当记者的天分,于是聘用他做了助理编辑。

不久,小罗斯福的堂叔作为麦金来的竞选伙伴,与民主党的布莱恩竞选总统,哈佛大学校长的政治倾向自然是引人注目的。小罗斯福决定充分利用这次机会,向主编提出要采访校长。主编认为这是徒劳,而小罗斯福却坚持要试试看。

校长接见了这位一年级的新生。面对威严的校长,小罗斯福并没有被吓倒,他坚持要校长表明自己的立场。校长很赏识他的勇气,高兴地回答了他的问题。小罗斯福因此名声大噪,不但哈佛校刊上刊登了小罗斯福采写的独家消息,全国各大报纸也纷纷转载,小罗斯福一时成为哈佛街谈巷议的话题人物。临近毕业时,他当上了哈佛校刊的主编。

小罗斯福大学毕业时,除哈佛圈子里的人之外,公众几乎不知道他。1904年,他不顾母亲的反对,宣布与远房表妹订婚。1905年,他们在纽约举行了盛大的婚礼,并特别邀请了在总统任上的老罗斯福参加。婚礼当天,宾客如潮,但大部分人是为瞻仰总统风采而来。经过这次婚礼,小罗斯福的名气更大了。

小罗斯福三次巧借堂叔的力量和威名,抬高自己,达到了引人注目的目的。在这里,老罗斯福就是帮助他达到目的的贵人。

成功是每个人的梦想。漫长的人生路上,很多人为追求成功付出了巨大的代价,最终却事倍功半。正所谓"好风凭借力,借梯能登天",一个人要想成功,仅有旷世的才华远远不够,还要找到赏识你的贵人。

卓别林是美国最成功的艺术大师之一,他的滑稽艺术形象给全世界留下了深刻的印象。卓别林1889年4月16日出生于伦敦,他的父亲是一位男中音歌手,母亲是位歌唱家兼舞蹈家。

幼时的卓别林生活十分拮据,父亲酗酒,母亲由于忧虑过度,以致身体虚弱,卓别林是在剧院后台长大的。卓别林5岁时第一次登台亮相,他的演出在当时引起了一场小轰动。

大约一年后,他的父母分居。不久之后,他的父亲因酒精中毒死亡,全家陷入绝境,卓别林不得不暂时被安置在救济院。后来情况好转,母亲才把卓别林领回来,靠针织女红来养活他。卓别林7岁时便开始在一个儿童音乐厅的节目中演出,以帮助解决家计问题。

此外,他还经常替人跑腿或做点别的临时工作,以赚取几个便士。直到遇到贵人,卓别林才告别了这种流浪儿般的生活,这位贵人便是卓别林同母异父的兄弟席德尼。那一年,席德尼航海归来,积累了点资本,便花钱让弟弟在伦敦杂耍戏场演出。几年之后,卓别林便成为了英国最受欢迎的童星之一。

在担任童星演出时,卓别林发现自己有演滑稽哑剧的天赋。

褴褛的衣服成为卓别林的标志,纯粹是一件偶然的事。一天,杂耍团叫卓别林穿得滑稽一点儿,到外面去拍外景。匆忙之间,卓别林顺手就捡了几件:一件是一位以肥胖出名的丑角所穿的宽松裤子;一件是特大号的鞋子,这是另一位明星的东西;一件是一顶破旧的圆顶礼帽,小到他根本戴不了;一件上衣,小得连他那种瘦削的骨架穿起来都觉得太紧;一根整洁漂亮但和他的一身打扮不相称的竹拐杖;还有一小撮"牙刷式"的胡子,后来这一身戏服成了"落魄雅士的化身"。他在喜剧方面的才华十分突出,所以他从杂耍表演跳入电影圈才13个星期,便获准可以自编自导。在席德尼的努力下,卓别林的周薪由150美元提高到了400美元,然后是1250美元。后来有家公司破天荒地给了他1万美金周薪,还有15万美元的分红,卓别林一下子就成了好莱坞著名的滑稽明星。

敞开心扉,去寻找你生命中的贵人吧!一个没有朋友的人在这个社会上是很难立足的。寻找你生命中的贵人,同时,也努力让自己成为别人的贵人。在你面临人生的困境之时,在你以为山穷水尽、无路可走之时,贵人的出现会给你的人生带来希望和转机,对于这样的贵人,你一定要倍加珍惜。

2.眼光放远,贵人不只是高官显要

要发现贵人、找到贵人,第一步就要先了解何谓贵人。就最简单、最直接的定义而言,贵人可以说是有能力给予你帮助的人。但是,不同的贵人,其能提供的帮助也各有不同:可以提供金钱等实际资源的,属于"资源型"的贵人;可以介绍人脉关系、分享商业情报的,属于"中介型"的贵人;有些人是"顾问型"贵人,可以提供专业知识的咨询或建议;有些人是"教练型"的贵人,可以给你指导、训练、提供建议;有些人则是"导师型"的贵人,在必要时激发你的想法,为你指引方向。

职场工作者对于贵人的界定,最好从广义的角度来看,贵人并不一定就是高官显要,你的朋友、同事、前辈等,都有可能给你不同的帮助。局限在少数人身上,认定达官显贵才是贵人,眼光就太狭隘了。

要发现或找到贵人,首先要改变你的观念,不要因为当下有利用价值才去建立关系。尤其是年轻人或职场资历较浅的人,不需要给自己太大的压力,逼着自己一定要去结识一些资源丰富的"高层",而是完全可以抱着"广结善缘"的想法,先和周遭的人建立起良好的关系。

就职场工作者而言,最明显而直接的贵人不外乎上司或老板。在职业生涯里,跟对一个老板很重要。其之所以能成为你的老板,就是因为能力受到了肯定,在某方面有过人之处,你能从老板身上看到、学到很多东西。

大多数工作者都是自己设法解决问题,甚少去"敲老板的门"。其实,老板并非真的难以接触,多了解老板,多去问问题,师徒关系或许就能自然而然地建立起来。

不过,一般人在公司里能接触的人十分有限,如果公司规模不大就更受限了,这是大部分上班族都会遇到的问题。所以,想要发掘贵人,还需要具备开放的心态,主动去拓展自己的人脉。举例来说,校友会就是一个不错的渠道。在进行中高阶主管的推荐、媒合时,你会发现,交通大学毕业的人通常喜欢录取交通大学的,北京大学的校友则较常录取北京大学的,因为有同校的情谊存在,彼此感觉会亲切得多。如果能拥有这类关系,将来在情报、资源上,对方会更愿意协助你,优先和你分享,这对想要在职场或商场上获得帮助的人是很重要的。

菲律宾有家著名的冰点制作商——利宾亚公司,可是菲律宾的一家大饭店却一直未向它订购冰点。3年来,该公司老板利宾亚每周二必去拜访饭店采购部经理容达宏一次,经常参加容达宏所举行的会议,甚至以客人的身份住进大饭店。但不论他采取正面攻势还是旁敲侧击,这家饭店仍旧丝毫不为所动,一直没有订购他的冰点。

这反倒激起了利宾亚的斗志,他下定决心,一定要让这家饭店订购自己公司的冰点。他改变策略,开始调查这家饭店采购部经理容达宏感兴趣的事情。不久,他发现这位经理是当地饭店协会的会员,由于热心协会的事务,还担任了国家饭店协会的会长。了解到这个情况以后,凡协会召开的会议,不管在何地举行,利宾亚都会赶去参加。

当利宾亚再去拜访容达宏时,就以协会为话题,这果然引起了对方的兴趣,容达宏和利宾亚谈了半个多小时关于协会的事情,整个谈话过程,利宾亚丝毫没有提到冰点的事情。

几天后,饭店的采购部门打电话让利宾亚立刻把冰点样品和价格表送去。就这样,利宾亚做成了一笔大买卖。

很多人找不到有用的人脉或贵人,其实是因为他根本不知道自己想要做什么。所以,在找寻贵人或发掘有用的人脉之前,最好先想清楚自己未来的方向是什么,这样才不会白费工夫。

举例来说,很多人想去大城市发展,如果先想清楚要过去做什么,具体从事哪个行业,就可以先去认识熟悉那里的人,这样,去发展时可能就已经有机会在等着了。反之,如果没想清楚或临时起意就过去了,碰壁的可能性就会大得多。

其实,很多人并没有职业规划的概念,也没有人教导过他们该怎么分析规划。如果你对某个领域有兴趣或有问题,可以去询问一些该领域的成功人士或专家,请他们提供建议,作为建立人际关系的开始。一旦弄清楚自己对职业生涯未来的期望是什么、阶段的目标是什么,你就会知道哪些人脉是自己需要特别注意经营的。

很多人经常自怨自艾:"为什么我碰不到贵人?"其实贵人可能就在你的身边。如果你能够做好准备,要找到贵人相助绝对没问题!

首先,你要有一种遇见贵人的渴望。只要你愿意去相信别人,总有一天,你会发现藏在自己身边的贵人。

其次,你要有学习的热忱。先不要判断贵人会对你有什么帮助,而要问自己愿不愿意虚心学习他身上所具备的众多才能。虚心的人更容易得到贵人的青睐,因为他们把自己想象成什么都不懂,承认且懂得欣赏他人的优点,以谦卑的心向人请教。这样的人,贵人自然乐意靠近。

最后,你还要具有创新能力。勇于接受挑战的人更容易吸引贵人的注意,换言之,如果自己都不想超越自己,怎么能期待别人来帮助你?

你是我最想要的朋友

3.不要忽视陌生人和位卑者

汤姆最近生意不顺,投资的股票又几乎全部亏本,正处于走投无路的关头,他收到了一封奇怪的信。这是一位总裁写的信,他说自己愿意把公司30%的股权转让给汤姆,并聘请汤姆为公司和其他两家分公司的终身法人代理。

汤姆不敢相信天下有这免费的午餐,便决定依照信上提供的地址找过去探个究竟。总裁见到他就问:"你还记得我吗?"汤姆很茫然。

经这位总裁提醒,汤姆才隐约记起10年前,汤姆去移民局排队办工卡。他听见移民局的工作人员对自己前面的人说:"你的申请费不够,还差50美元。"这人却拿不出这笔钱,而他要是今天拿不到工卡,就找不到工作。汤姆看那人为难,便拿出了50美元帮他交了。想不到10年之后,那人事业这么成功。

总裁告诉他,自己闯荡了10年,经历了很多磨难,但一直保持着积极乐观的生活态度,因为正是汤姆让他相信,世界是充满爱心的,前途是光明的。他之所以迟迟没有还汤姆那50美元,是因为他觉得这不是50美元所能表达的,现在才是报恩的最佳机会。就这样,汤姆靠着50美元的投资,获得了丰厚的回报。

张总在任时,逢年过节,家里就来客不断,门庭若市。对此,张总感到很满足,觉得自己很受大家的爱戴。

张总退休后,家里一下子安静了很多,即使是春节这样隆重的节日,来看望自己的人也很少,可谓门可罗雀。

就在张总感叹"人走茶凉"的时候,以前的下属小李却跟往年一样,带着礼物和妻儿来给他拜年。小李的来访令张总感动不已——总有些人比较有人情味。

两年后,公司聘张总为顾问,以前那些人又登门而来,张总却只重用了小李。

苏格兰有位叫弗莱明的贫苦农夫,他一向乐于助人。有一天,他从沼泽地里救出了一个小男孩。本来没什么大不了,这种好事他做多了,可男孩的家长来道谢时,非要送给他很多钱以致谢意。弗莱明坚持不收,申明自己救人是上帝的旨意,不能收钱。那家长没办法,这时看到弗莱明的儿子进来,就说:"你执意不收,我也不好勉强,但你救了我的儿子,我也要为你的儿子做点事,以表达感激之情。我愿意承担他的一切学费,让他受到良好的教育。因为我相信,你这么善良,你的儿子将来也一定会很出色。"看那位家长这么坚持而有诚意,弗莱明便不再拒绝。后来,那位家长一直资助弗莱明的儿子到医学院毕业后自立。再后来,世界上出现了两个蜚声世界的杰出人才:弗莱明的儿子就是发明青霉素的著名细菌学家亚历山大·弗莱明教授,弗莱明所救的那个孩子就是英国赫赫有名的首相温斯顿·丘吉尔。

汤姆善待陌生人,最后得到了丰厚的回报;小李一如既往地关爱失势的人,最后也得到了别人的关照;老弗莱明善举在先,才促成了两个年轻人日后的辉煌。

所以,不要忽视陌生人和位卑者,也许今天你在一块贫瘠的土地上插上一条柳枝,明年就能收获一片荫凉。生命中的任何人都可能成为你的贵人。世事变化无常,多为别人提供无私的服务和帮助,总有一天,你会获得回报。即使不是为了得到物质上的回报,做人也应该与人为善,起码可以得到心灵上的满足和精神上的宽慰。

4.导师型朋友——是良师,更是益友

古希腊诗人荷马在史诗《奥德赛》中讲述了奥德赛在特洛伊战争后,回家途中十年流浪的种种经历。奥德赛临终前,把爱子泰莱马科斯托付给忠实的朋友门特抚养。直至今天,"门特"一词一直用来形容受欢迎的老师、具有洞察力的朋友、经验丰富的教育家和成熟老练的向导。在我们的一生中,会有不同的导师在我们最需要的时刻出现,给我们以帮助。

在罗曼·罗兰22岁时,总觉得自己有从事文学艺术创作的素质,倾向于选择文学作为自己的事业。可是在当时世俗人的理解中,文学事业有什么用处呢?于是,他决定给文学大师托尔斯泰写信寻求指点。

在写这封信时,他完全抱着试一试的想法,已经做好了收不到回信的准备,没想到几个星期以后,他收到了托尔斯泰长达38页的亲笔回信。在信中,托尔斯泰向这位从未谋面的异国青年谈了选择个人道路的原则。他热情地鼓舞罗兰:"搞文学艺术,非要明确为人类不可!不要说说,不要害怕真理。"罗兰感到这封信像一扇开向无穷宇宙的门,给了他生活的启示。

这封信使罗曼·罗兰下定决心从事文学事业,最终他成为世界著名作家,并荣获诺贝尔文学奖。

托尔斯泰是罗曼·罗兰成功之路上的第一位导师。可以想象,如果没有这位导师的鼓励和指引,可能就不会有罗曼·罗兰日后的成就,更不会有闻名世界的伟大作品《约翰·克利斯朵夫》。

无论是资历还是财力,恩师都高出我们一截,因此,能够得到恩师的赏识和提携,是你人生的一大幸事。把恩师作为自己的靠山,更易成就一番事业。

在人生的起步阶段,恩师就是我们潜在的贵人,把握得好便能让你更快地脱颖而出,走上一条成功的捷径。搜狐公司的创始人张朝阳便是这样一个典型的例子。

1995年之后,美国的互联网发展速度迅猛,而在中国互联网产业却存在中文信息严重匮乏的问题。正在美国麻省理工留学的张朝阳猛然醒悟过来,这个领域在中国大有作为!于是,他去找自己的老师尼葛洛庞帝,极力说服他进入中国的信息产业。后来,张朝阳如愿以偿地从恩师那拿到了22.5万美元的风险金。

1996年,张朝阳回到中国,开始创业。

通过自己的恩师,张朝阳又说服了风险投资家爱德华投入一定的资金。有了启动资金,1997年,张朝阳成立了中国第一家以风险投资基金建立的互联网公司——搜狐公司。

1998年2月,经过一年的探索,搜狐公司推出了标志性产业——中文搜索引擎"搜狐"(SOHU)。创业之初,公司极需钱来做技术和软件,张朝阳发邮件四处求援,结果收到的都是拒绝的回复。但他并不气馁,在他坚持不懈的努力下,终于改变了这种不利状况,英特尔、太平洋风险等业界巨头都答应出资,"搜狐"由此开始飞速发展。

仅过了半年,"雅虎"这家世界最大的网络服务商便盯上了"搜狐",企图收购。张朝阳与对方谈了几次，不能接受合并后统一用"雅虎"名称这一条件，坚决走自强自立的道路。在以后的几年里，搜狐公司与中国互联网一起进入了快速发展的时期。

大获成功的张朝阳非常感激恩师尼葛洛庞帝，他说："我和他首先是师生关系，后来他在我这赌了一把，又有了投资者的关系。这几年我的业绩特别好，他庆幸自己赌对了。"

得到恩师的垂青并最终获得巨大的成功，这对张朝阳来说是一大幸事。

成功学大师安东尼·罗宾事业成功的原因就是因为遇到了生命中的关键人物——吉米·罗恩。罗宾因为没有钱，上不起罗恩的培训课，便请求罗恩将费用降低一些。罗恩说："如果你能够找到这一笔上课的费用，这比我教你的任何成功方法都更为可贵，因为你在向不可能挑战。"当时只有17岁的罗宾跑了43家银行，但对方都因为他未成年，不具有独立经济能力而不愿借钱给他。后来，第44家银行老板被罗宾的毅力感动，借给了他1200美元。罗宾上了两天罗恩的成功课，其潜能被充分地挖掘了出来。在吉米·罗恩的帮助下，罗宾走上了研究成功学、帮助他人成功的道路。

对于罗宾来说，他成功的第一步是筹集到上课的费用，这也是他人生的第一道"坎"。吉米·罗恩教他用自己的行动领悟到了成功学中最关键的道理，为他日后成为成功学大师走好了关键的一步。

"万事开头难"，在人生的各个阶段，我们都面临着"走好第一步"的挑战。如果能得到良师益友的指点和帮助，你就能少走很多弯路，"与君一席话，胜读十年书"，说的就是这样的朋友。导师型的朋友会帮你摆脱苦恼和困惑，让你坚实地迈出自己的"人生第一步"。

5.最可贵的朋友——道义之交

现代社会,急功近利者多如牛毛,急公好义者少之又少。很多人都是以利交友,友情的关系网多以利益为基础。当赖以生存的共同利益不复存在的时候,这张关系网就会随之破裂。这种不稳固的"朋友关系"相互之间只有利用,自然经不起风吹雨打。

真正的朋友从来都不是靠着钱财、权势、利益结交而来的。

管仲幼年时常和鲍叔牙一起游山玩水,交情深厚,相知有素。年轻的时候,管仲家里很穷,又要奉养母亲。鲍叔牙知道了他的难处,便找他一起投资做生意,连管仲的本钱都是鲍叔牙垫付的。但赚了钱以后,管仲却用挣的钱先还了自己欠的一些债,而到了分红的时候,鲍叔牙只分给他一半的红利,他竟然也接受了。

鲍叔牙的仆人看了非常生气,就对主人说:"这个管仲真是贪心,本钱拿的比您少,分钱的时候却拿的比您还多!"

鲍叔牙却对仆人说:"不可以这么说!管仲不是个贪财的人,他家里那么穷,又要奉养老母亲,多拿一点又有什么关系。"

管仲曾从军出征,在战场上多次临阵脱逃。有人便讽刺管仲胆怯,鲍叔牙则极力为其辩解,说这是因为管仲家有老母亲,需要他孝养侍奉,故不能轻生。

在他们步入政坛后,管仲辅佐公子纠,而鲍叔牙则辅佐公子小白,后公子小白得齐国王位,称齐桓公。齐桓公要封鲍叔牙为宰相,但鲍叔牙却

你是我最想要的朋友

一再推辞,反而推荐管仲,自己则作为管仲的下属,后来管仲果然助齐桓公成就了霸业。

管鲍之交被千古传诵,便是因为他们相知有素,而且丝毫不计自己的名利得失,堪称道义之交的典范。

一个犹太商人在第二次世界大战期间面临生死危机之时,希望能在诸多朋友中找到愿意帮助自己儿子的人,以保全其性命。

几百个朋友中,他发现只有两个人可能帮助他们。一位是德国银行家,他是一个生意上的合作伙伴,这位犹太商人曾经对他有恩;另外一位是一个住在德国乡下的农民,他是这个犹太商人年轻时的朋友,不过两人已经很久没有联系过了。

犹太商人思量再三,最终决定让两个儿子去农民家中避难。半路上,小儿子决定去找银行家,因为他认为那个农民与他们已经很久没有来往了,一定不会帮助他们;而与银行家则经常往来,非常熟悉。最终,兄弟两人分道扬镳。

第二次世界大战结束后,大儿子去寻找他失散多年的亲人。遗憾的是,父母都已死在了集中营里,弟弟也因为被那个银行家告密,而被处死。

这位犹太商人无疑是很聪明的,他明白利益之交不可靠,所以让两个儿子去找那位乡下朋友,虽然那位朋友已经好多年没有再联系了。可惜,他那小儿子自作聪明,最后反倒是误了自己的性命。

朋友分为三种,第一种为利害上的朋友,也就是我们说的利益之交;第二种是经济上的朋友,我们可以称之为通财之宜;第三种是道义之交。

利益之交，交情全都系之于利益，算不上真正的朋友；通财之交说的就是朋友之间可以互通有无，不计较钱财得失，这是非常难得的；而最可贵的就是道义之交了，相识相交全在本心，完全没有一丝利害杂质。

6.诤友——人生的一剂良药

诤友虽然经常摆出一副阴沉的面孔，用严肃和强硬的口气对你说话，但是在他的内心，一定是站在你的立场上，抱着关怀爱护、诚心诚意的态度对待你。

拥有诤友是一种幸运，因为诤友是一面镜子，能帮你认清自我。诤友是真正的朋友，他们对你直言不讳、肝胆相照，只有真正的朋友才会真诚地关心你，为你的失误痛心；也只有真正的朋友才会直言指出你的盲区和瑕疵，希望你快乐、成功。

三国时期，吴国的徐原与吕岱是好朋友。徐原是一位典型的诤友，每当吕岱有过失时就直言批评。吕岱深感这位诤友的可贵，所以当徐原去世时，吕岱痛哭流涕。

唐朝的诗人张籍与韩愈是朋友，虽然韩愈有很高的名望，可张籍还是不断批评他不虚心和赌博的恶习，帮助韩愈改掉了这些毛病。韩愈终其一生都对张籍这位诤友怀有感激之情。

俄国著名作家果戈理尽管以现实主义的作品闻名世界，但他思想上一度颓废,甚至歌颂农奴制。他的朋友、文学批评家别林斯基在《现代人》杂志上猛烈抨击他。果戈理无法接受,进行了反驳。别林斯基用三天时间为他写了一篇有理有节的书信,既坚持了原则,又挽救了友谊。

这些都是结交诤友的佳话。诤友是人生的一剂良药,乐于结交诤友的人,比别人更容易改正错误、避免失误,不断取得进步。

据说有一次,唐太宗闲暇无事,与吏部尚书唐俭下棋。唐俭是个直性子,平时不善逢迎,又好逞强,即便与皇帝下棋,也使出了自己的浑身解数,架炮跳马,把唐太宗打了个落花流水。

唐太宗心中大怒,想起他平时的种种不敬,更是无法抑制自己的怒气,于是立即下令贬唐俭为潭州刺史。之后,唐太宗还不解气,又找来尉迟恭,对他说:"唐俭对我这样不敬,我要杀他以诫百官。不过现在尚无具体的罪名可定,你去他家一次,听他是否对我的处理有怨言,若有,即可以判定他的死罪!"尉迟恭听后,觉得唐太宗这种做法颇为不公,所以当第二天唐太宗召问他唐俭的情况时,尉迟恭不肯回答,反而说:"陛下,请你好好考虑考虑这件事到底该怎样处理。"

唐太宗气极,把手中的玉笏狠狠地朝地下一摔,转身就走。尉迟恭见状,只好退下。唐太宗回去后,一来冷静后自觉无理,二来也是为了挽回面子,于是大开宴会,召三品官员入席,自己则主宴并宣布道:"今天请大家来,是为了表彰尉迟恭的品行。由于尉迟恭的劝谏,唐俭得以免死,使他有再生之幸;我也由此免了枉杀的罪名,赐尉迟恭绸缎千匹。"

唐太宗能够拥有尉迟恭这样的诤臣,是作为一个帝王最大的荣幸,他也确实依靠这些诤臣的力量开创了中国历史上难得的盛世局面。

人生难得一诤友,诤友是紧缺资源,值得每一个人好好珍惜。当体会到不远处有这样一位真正的朋友默默关注着我们,不时敲打我们的时候,每个人的内心都会涌起一股温馨和暖意。

诤友是人格的天平,他会在你的行为和心理偏离正常方向时给予必要的提醒,使你避免步入歧途。

一天,乐羊子在路上拾到一块金子,非常高兴,回家后把它交给了妻子。妻子说:"我听说有志向的人不喝盗泉的水,因为它的名字令人反恶;宁可饿死也不吃别人施舍的食物,你怎么能拾取别人失去的东西呢?这样会玷污品行的。"乐羊子听了妻子的话,非常惭愧,便把那块金子扔到了野外,然后到远方去寻师求学。

乐羊子的妻子就是他的诤友,如果没有这位诤友,乐羊子可能会有一段时间靠这块金子生活,不思进取,也有可能自此变成一个爱贪小便宜的人。可见,诤友对于个人品德的提高有着重要的监督作用。一个乐于结交诤友的人,必定会在诤友的指点下,检点自己的德行,逐渐完善自我。

每个人都应该找到自己的诤友,并把自己的行为放在这架天平上衡量一下,看看是否出现了倾斜,并且按照诤友的意见对自己进行认真的反省。

人在事业有成或者被人追捧的时候,难免会觉得飘飘然,沉浸在自我膨胀和幻想的泡沫中难以自拔。这个时候,诤友会告诫你不可得意忘形,将你拉回现实世界。

萧伯纳凭借出众的才华和言语的幽默赢得了很多人的尊敬与仰慕。在别人的赞叹声中,他渐渐自大起来,越来越喜欢卖弄自己的才华,说话也变得尖酸刻薄了。

后来，一位老朋友私下对他说："你现在常常出语幽人一默，非常风趣可喜，但是大家都觉得，如果你不在场，他们会更快乐，因为他们比不上你，有你在，大家便不敢开口了。你的才华确实比他们略胜一等，但这么一来，朋友将逐渐离开你，这对你又有什么益处呢？"老朋友的这番话，使萧伯纳如梦初醒，他感到如果再不收敛锋芒，彻底改过，社会将不再接纳他，到那时，他的损失何止是失去朋友？所以，他立下宗旨，从此以后，再也不讲尖酸刻薄的话了，要把天分发挥在文学上，这一转变成就了他后来在文坛上的崇高地位。

直言相谏、言所欲言，指出朋友的过失和错误，这样才是真正对朋友负责。一个人从另一个人的诤言中所得来的光明，比从他自己的理解力、判断力中所得到的光明要更干净、纯粹。

陈毅曾写过这样两句诗："难得是诤友，当面敢批评。"《诗经》上"如切如磋，如琢如磨"的诗句，也是在说朋友之间要互相帮助、互相批评。倘若我们每个人都能做诤友、交诤友，那么我们的生活和事业将会有很大的收获。

7.千金难买是知己

人们常说："千金易得，知己难求"。或许你仆从如云，一呼百应，但未必有一个知音；或许你高朋满座，珠玑妙语，但知音不是虚位以待就能得来的；或许你在亲情的环绕下，有人嘘寒问暖，但他们不一定真正懂你；

或许你佳人携子,如花美眷,但爱人不一定能解人意。"高山流水"的典故体现了千百年来人们对这种情谊——知音的渴求。

茫茫人海,找一个朋友容易,获得一个知己却很难。知己是和我们同心合契、共创奇迹的那个人;是同我们和谐相处、分享成果的那个人。常言道:"人生得一知己,足矣"。知己是生命的另一半,是人生项圈上那颗最耀眼的钻石。

德国大音乐家贝多芬和舒伯特之间的友谊被传为千古佳话:两人共同生活在维也纳30年之久,虽然只见过一次面,却成为了彼此的知己。在贝多芬的事业如日中天时,舒伯特只是一个默默无闻的音乐创作者。贝多芬生性孤僻,舒伯特深知他的个性,所以从不敢贸然造访。直到后来,因为一位出版商的盛情邀请,舒伯特才带着一册自己的作品前去登门拜访。不巧的是,当时恰逢贝多芬外出,舒伯特只好留下作品,怅然而归。

然而,当贝多芬患病后,有一天,友人想调解他的寂寞,随手拿起桌上的一册书放在他的枕边,让他翻阅消遣,这册书正是舒伯特留下的作品集。贝多芬马上被舒伯特的作品吸引住了,细心吟味了一会儿,大声叫道:"这里有神圣的闪光!这是谁做的?"友人告诉了他舒伯特的名字,贝多芬对其大加赞赏。贝多芬弥留之际,托人把舒伯特召至床前说:"我的灵魂是属于舒伯特的!"

贝多芬死后,舒伯特郁郁寡欢。第二年,他也告别了人世。临终的时候,他向亲友倾诉遗愿:"请将我葬在贝多芬的旁边!"

后人对他们之间的友谊给予了最美好的赞誉,并为他们竖起了并立的铜像,至今仍屹立于维也纳广场。可见,真正的友情并不依靠事业、祸福和身份,不依靠经历、地位和处境,它在本性上拒绝功利、拒绝归属、拒

你是我最想要的朋友

绝契约,是独立人格之间的互相呼应和确认。

所谓知己,就是彼此心灵相通的人。知己之间的交往并不局限于同时代、同年龄段的人,虽然,这些人相对来讲更容易接近。但是,与前辈或晚辈形成忘年交,也会发出耀眼的光芒。

罗曼·罗兰23岁时在罗马同70岁的梅森堡相识,后来梅森堡在她的一本书中对这段忘年交做了深情的描述:"要知道,在垂暮之年,最大的满足莫过于在青年心灵中发现和你一样向理想、向更高目标的突进,对低级庸俗趣味的蔑视……多亏这位青年的来临,两年来,我同他进行了最高水平的精神交流。通过这样不断的激励,我又获得了思想的青春和对一切美好事物的强烈兴趣……"

只有心灵的高度契合才能让人产生如此强烈的心灵震撼,与知己的交往仿佛能够使人焕发出对青春和生命的极大热忱。在这样的"灵魂之交"中,一切外在的形式,如年龄、身份、经历、成就等都显得十分渺小,甚至微不足道,这就是知己的力量。

知己对于我们的重要意义之一,就是能让我们的精神生活超脱于日常事务的枯燥单调,赋予平凡的生活以意义,使它具有一种精神的投射、温和的超越和趣味的升华。

有这样一则故事,它和电影史上的一部经典影片一起,打动过世间无数男女的心。

他初见她的时候,已经是36岁的中年男子,而她,还是一个23岁的年轻女孩儿。

他们都是演员。那是他们第一次合作,分别饰演剧中的男女主角。那时,他已是好莱坞的大牌明星,人们心中的偶像;而她还是个名不见经传的小人物,用现在的话说,她还是第一次"触电"。因为这部戏,他们两人天天聚在一起。她在他的面前,有时候喜笑颜开,显得温顺娇小;有时又是那么的冰冷孤傲,拒人于千里之外,仿佛没有谁能够走进她敏感而脆弱的内心世界。在那次合作里,他忽然发觉自己已经分不清戏里戏外了。

那是一次成功而经典的合作。在拍戏之余,他们常常在黄昏时分,沿着附近的一条静静的小河散步。一轮明月升上来了,它含笑看着树荫下那两个并肩而行的年轻人,清澈而明净的河水也悄悄偷听着他们的话语,被那真挚而纯净的心声打动得发出潺潺的声响。

那时候,他的第一次婚姻已走到了尽头。他是多么渴望得到她的爱情,然而,从小受到父母离异伤害的她,对离了婚的他感到害怕,因而远远地离开了他,有情人没能终成眷属。

1954年9月,当她结婚的时候,他千里迢迢地赶来,参加了她的婚礼。其实,她的丈夫是他介绍的,他送给她的结婚礼物是一枚蝴蝶胸针。

后来的某一天,63岁的她在睡梦中飞走了。而他来了,来看她最后一眼。

又是10年的光阴匆匆流过,一天,他得知了要在著名的苏富比拍卖行义卖她生前的衣物、首饰的消息。87岁高龄的他拄着拐杖,颤巍巍地前去买回了那枚陪伴了她近40年的胸针——那一年他送给她的结婚礼物。几个月后,他永远地闭上了眼睛。

他们第一次合作的电影叫《罗马假日》。她是电影史上永远让人魂牵梦萦的"公主"奥黛丽·赫本,而他则是被誉为"世界绅士"的格里高利·派克。他们超越爱情的纯洁友情让这个世界为之唏嘘动容。

知己之谊,因为超越而变得崇高和圣洁,也因为圣洁和崇高而更增添了分量。

王羲之的《兰亭集序》中有几句关于闲谈的话:"悟言一室之内""放浪形骸之外""曾不知老之将至"。这真是道出了知己相聚、随意闲谈之乐。对此话极为欣赏的钱伯城先生也写了一篇文章,题为《聊天乃人生一乐》,文中写道:"朋友相聚,乐在聊天,若相对无言,就乐不起来了。我所喜欢的,清茶一杯,二三其人,互无戒心,话题不着边际,议论全无拘束,何妨东拉西扯,亦可南辕北辙。乘兴而来,尽兴即散。"

有这样几个知己,"孤独"二字便可在你的人生字典里消失了。

8.朋友圈内必备的几类"陌生人"

在纽约一次人脉经营的主题大会上,千余脉客(善于使用人脉、经营人脉的人)总结了朋友圈中应该有的几种人,并且由此得出结论,有了这些人,你生活和工作才可能真正做到左右逢源。下面就为大家来介绍一下,结交哪些不同领域的人能给我们带来更大的利益。

(1)医生

你一定要结识几个专家级别而且有着丰富临床经验的医生,因为他们给你的意见和建议可是关乎着你的生命健康。人在生病时候的第一选择就是会听医生的话,吃药、打针、住院等都离不开医生的建议。若是小病倒也无关紧要,但是万一有一天你不得不开刀做手术呢?所以,医生应成为你的"一号朋友健身教练"。

(2)旅行社工作人员

对于经常要出差的人来说,有一个旅行社的朋友能帮你节省下不少时间和金钱。同一架飞机上的乘客所花的票价不一定都一样,有的人花了一千多元买的,而你可能几百元就能搞定。为什么?因为你那位在旅行社工作的朋友能够为你提供最为便捷的机型和便宜的价格,让你高枕无忧。

(3)就业顾问、猎头

当你还在为找工作而愁眉不展时,你身边的人也许早已进入了新的工作角色。因为他们凭借着和就业顾问、猎头公司良好的关系,已经把各个职位都摸透了。所以,即使你现在的工作非常稳定,也不妨多结交一些在这方面工作的朋友,在口渴之前先掘井永远是最正确的选择。

(4)银行工作人员

如今是经济型社会,银行在我们的日常生活中正起着越来越重要的作用。我们每个人的工资预算、养老保险、投资理财的结算等都离不开银行这个操作部门,这时有一位银行理财师朋友可就方便多了。

(5)保险、金融专家

如今保险行业已深入到各个家庭中,很多人对保险人有一些片面的认识,总觉得上门推销的人都十分令人生厌。可是,难道你真要等到出了什么事,才知道投保的重要性吗?其实,交一个保险、金融方面的朋友,可以帮助你更好地认识保险,同时还能避免乱投保的发生。

(6)律师

在国外,几乎每个家庭都有一到两个监护律师。毕竟你要明白,在这个社会上生存,难免会遇到一些纠纷,如果不想让他人无端占去你的利益,那么如果你的朋友关系中有律师,你的麻烦事就会少很多。

(7)维修人员

一位优秀又诚实的维修人员是很重要的。你的汽车坏了,你家的下水道堵了,你家的锁打不开了……事态紧急,你最好知道谁可以在最短的时间内、用最快的速度、以最低的费用帮你处理。

(8)媒体联络人

假使你是一名商务人士,当你有绯闻缠身,或有新产品上市时,你的媒体联络人就可以代表你出面处理。这样,你就不必在一些媒体的闪光灯下茫然不知所措了。当然,想要结交这一类朋友,秘诀是在需要他们的帮助之前先认识他们。

第四章

建立朋友圈的基础
——让别人喜欢你，才能交到好朋友

假如你对别人来说是一个"价值"不高的人，想必别人对你的关注也不会太高。如果你想赢得朋友，那就从改变自己开始吧。让别人喜欢你、接受你，这是建立朋友圈的基础。

你是我最想要的朋友

1.保持微笑的表情

卡耐基说:"笑容能照亮所有看到它的人,像穿过乌云的太阳,带给人们温暖。"微笑是一种无声的交流,它能连接起陌生人的心。

面对陌生人,有时我们什么都不用做,只是对着他(她)微笑,就能在瞬间缩短你和他(她)之间的距离。

身高1.45米,又小又瘦的原一平在25岁当实习推销员时,不管怎么看都没什么吸引力。然而,就是这样一个人,却成了日本保险业连续15年全国业绩第一的"推销之神"。原一平成功的秘诀在哪里呢?是他那"价值百万美金的微笑"。

用微笑来打通陌生人之间的隔阂是原一平用自己的亲身体会总结出来的制胜法宝。他在推销的过程中发现,笑容是传达爱意给对方的捷径;笑容具有传染性,可以引起对方微笑并使对方愉快;可以轻易地消除两人之间的陌生感甚至隔阂,使对方心扉大开;笑容是建立信赖关系的第一步,能创造出心灵之友;笑容可以激发工作热情,提升工作成绩;笑容可以消除自己的自卑感,弥补自己的不足;如能对各种笑容了如指掌,就能洞察对方的心灵;笑容有助于身体健康,能增强活动能力。

并且,原一平认为,婴儿般天真无邪的笑容最具魅力。于是,他花费了很长时间练习笑,直到他在镜中看到自己的笑容与婴儿的相差不多时才罢休。当他带着这样的微笑去推销保险时,没有一个人拒绝他。

保持一个微笑的表情、谦和的面孔,是表达自己真诚、守礼的一种方式,更是有效沟通的桥梁,是人际关系的磁石。

既然微笑在社交活动中有着如此重要的作用,我们就应该学会用微笑来树立一个良好的社交形象。不过,在微笑的时候,要掌握一些方法。

(1)额肌收缩,眉位提高,眼轮匝肌放松。

(2)两侧颊肌和颧肌收缩,肌肉略隆起。

(3)两侧笑肌收缩,稍微下拉,口轮匝肌放松。

(4)嘴角微微上提,嘴唇呈半开半闭状,不露齿为最佳。

自然发自内心的微笑是最美的,自信、善良、可亲等特点从微笑中自然地流露出来,由此人们才能对你产生信任感。

在微笑的过程中,一定不能掺杂以下几种笑,否则只会给人留下虚假、做作的印象。

(1)假笑

所谓假笑,是指皮笑肉不笑。这种笑不但不能产生正面的作用,反而会影响个人形象,别人会因此认为你是个伪君子。所以,微笑时千万要杜绝这种情况发生。

(2)冷笑

所谓冷笑,是指面带怒意、讽刺、不满、无可奈何的笑。这种笑只能表现出轻狂、自大,让原有的微笑失去光泽。

(3)怪笑

所谓怪笑,顾名思义是指阴阳怪气的笑。这种笑充满了恐吓、嘲讽的意味,令人心里不舒坦,容易让人产生厌烦情绪。

(4)媚笑

所谓媚笑,指的是阿谀奉承、溜须拍马、具有一定目的的笑。这种笑会令人警惕心大增。

(5)窃笑

所谓窃笑，是指背地里偷笑。这种笑免不了幸灾乐祸、扬扬自得之嫌。

2.记住他人的名字

一个人最珍视的"私有财产"就是他(或她)的名字。如果你能给对方的名字哪怕细微的注意，他(或她)都会对你产生好感。

多数人不记得别人的姓名，只是因为他们认为没有必要花时间与精力把这些姓名牢记在心。这种观点大错特错，即便罗斯福这样的大人物，也会花时间去记忆联想自己所接触的机械师的名字。

克莱斯勒汽车公司为罗斯福先生制造了一辆特别的汽车，张伯伦及一位机械师将此车送交至白宫。张伯伦在他的一篇回忆文章里这样记述："我教罗斯福总统如何驾驶一辆装有许多特别装置的汽车，而他教了我许多关于处理人际关系的艺术。"

面对张伯伦的来访，罗斯福表现得十分高兴。他直呼张伯伦的名字，这让张伯伦感到非常惬意。给张伯伦留下深刻印象的是，罗斯福总统对他要说明及告知的事项听得十分认真。"这辆车设计完美，能完全用手驾驶"，罗斯福对围观的人群说，"我想这车极奇妙，你只要按一下开关，即可不费力地驾驶它。我以为这车极好，但我不懂它是如何运转的。我真愿意有时间将它拆开，看看它是如何发动的。"

第四章 建立朋友圈的基础——让别人喜欢你,才能交到好朋友

当罗斯福的许多朋友及同人对这辆车表示出羡慕时,他当着他们的面说:"张伯伦先生,我真感谢你,感谢你设计这辆车所费的时间和精力。这是一项杰出的工程!"罗斯福赞赏了一番辐射器、特别反光镜、钟、特别照射灯、椅垫的式样、驾驶座位的位置和衣箱内有不同标记的特别衣框。换言之,罗斯福注意到了每件细微的事情,他了解这些有关情况是花费了许多心思的。他甚至还对老黑人侍者说:"乔治,你要好好地照顾这些衣箱。"

当驾驶课程完毕之后,总统转向张伯伦说:"好了,张伯伦先生,我想我该回去工作了。"

张伯伦带了一位机械师到白宫去,并把他介绍给了罗斯福。这位机械师生性害羞,一直躲在后面,没有同总统谈话,所以罗斯福只听过一次他的名字。但在离开他们之前,罗斯福总统却找到这位机械师,与他握手,叫出了他的名字,并感谢他到华盛顿来。他的致谢绝非草率,其中满含真诚,张伯伦能感觉得到。回到纽约数天之后,张伯伦收到了罗斯福总统亲笔签名的照片,并附有简短的致谢信,还对张伯伦给他的帮忙表示了感谢。

罗斯福知道一种最简单、最明显、最重要的获得好感的办法,那就是记住他人的姓名,使他人感觉自己很重要。但有多少人知道要这样做呢?

也许你曾多次被介绍给一个陌生人,你们交谈了几分钟,临别的时候,你还记得他叫什么吗?或许连他姓什么都不记得了。

这时,你就需要有一个好记性。经过一面之缘后,再次见到对方,你们就会有话可谈,成为朋友也就不难了。

有一次,李玉去一个单位办事,因为没有熟人,也没有什么用得上的

关系，所以所求之事并没有办成，他失望地走出了这家单位。在单位大门口，他意外地遇到了一个人，觉得对方似曾相识，好像在哪里见过。当那个人走近时，他突然想起来在一次文化沙龙上见过这个人，他是一个杂文家，当时在沙龙上做了演讲。李玉主动与对方搭讪："您就是某某作家吧？"对方一听李玉叫出了自己的名字，停了下来，十分友好地问："正是在下，请问先生怎么称呼？"李玉说出了自己的姓名，又对那个作家说："上次在文化沙龙上，我听了您的演讲，您讲得真好。"

接着，李玉说出了演讲中的一些细节。例如，主办者如何向大家介绍，中途有人如何提问，以及这个作家的演讲内容等。这个作家见李玉连一些细节都记得这么清楚，心里乐滋滋的，信任感油然而生。他笑着对李玉说："没想到你听得这么用心，有些细节连我自己都差不多忘了。"接着，他问李玉来这里是不是有什么事。李玉把要办之事一五一十地说了出来，作家听了后说："这是小事一桩，我帮你打个招呼就行了。"

每个人都喜欢被别人关注，因此，记住与人交往中的细节包括他的名字，是你获得别人信任和好感的基石，更是你踏上成功之路的必胜法宝。

3.谦虚，让你处处受欢迎

在人际交往中，谦虚的人总是处处受欢迎，而那些大肆张扬、傲慢无礼的人通常是遭人反感厌恶的。

第四章 建立朋友圈的基础——让别人喜欢你,才能交到好朋友

孔子说:"三人行,必有我师焉;择其善者而从之,其不善者而改之。"意思是,在众人之中一定有值得我学习的东西,因而要虚心学习别人的长处,把别人的缺点当镜子,对照自己,有则改之,无则加勉。可以说,敏而好学、不耻下问、虚怀若谷是每个成功人士必备的品质和修养。

比尔·盖茨带领他的团队创造了IT(信息技术)业界的一个又一个神话,令人景仰的除了他的商业成就,还有他那谦逊的性格。而关于比尔·盖茨谦逊的性格,还有一个故事广为流传。

微软专门为比尔·盖茨准备讲稿的一位职员说,每次演讲前,比尔都会自己仔细批注并认真地准备和练习讲稿。而且,比尔每次演讲完,都会下来和他交流,问他:"我今天哪里讲得好,哪里讲得不好?"并且还会拿个本子认真地记下来自己哪里做错了,以便下次更正和提高。

一个人能够在事业上做得这么成功,同时还能如此谦虚敬业,愿意学习,这是非常难得的。比尔·盖茨的行为,不能不让我们敬佩。

虚心的人之所以受欢迎,是因为他们能够把自己放在一个更低的位置,不吝于向别人请教。

美国前总统富兰克林年轻时很骄傲,言行举止颇有些咄咄逼人、不可一世。后来有一位朋友将他叫到面前,用很温和的语言说:"你从不肯尊重他人,事事自以为是,别人受了几次难堪后,谁还愿听你夸耀的言论?你的朋友将一个个远离你,你再也不能从别人那里获得学识与经验,而你现在所知道的事情,老实说,还是太有限了。"

富兰克林听了这番话后,很受震动,决心痛改前非。从那以后,他处处注意,言语行为谦恭和婉,慎防损害别人的尊严和面子,不久,他便从一个被人敌视、无人愿意与之交往的人,变成了极受人们欢迎的成功人物。

一个从来不愿接受别人的意见,不把他人放在眼里的人,即便他有很高的天赋,也不会有所成就。而富兰克林正是因为变得谦逊,才拥有了丰富的人际关系资源,成为美国一位伟大的领袖。

柴斯特·菲尔德说:"如果你想受到赞美,就用谦逊去做诱饵吧。"谦虚不仅是人们应该具备的美德,从某种意义上说,谦虚也是获胜的力量。

以谦逊的态度来表达自己的观点,可以减少一些冲突,且容易被他人接受。尤其在对峙双方的地域、文化背景不同的情况下,偶尔一句"我不太明白""我没有理解你的意思""请再说一遍"之类谦恭的言语,会使对方觉得你富有涵养和人情味,真诚可亲,从而对你产生好感。

古话说:"谦受益,满招损。"一个杯子,如果不能把其中的水倒掉,又怎么能接受新的甘泉呢?在人生的舞台上,那些谦虚豁达的人总能赢得更多的朋友和成功的机会,那些妄自尊大、炫耀自己、贬低别人的人则总是令别人反感厌恶,最终在交往中使自己到处碰壁、处处受阻。

4.把对方放在心上

第一次和别人交谈的时候,一定要让他觉得自己很重要。因为每个人都希望被别人认为很重要,所以如果你能满足对方的这种感觉,他一定会对你产生好感,没有人会讨厌一个喜欢自己、尊重自己的人。

有些人自视甚高,却忘了别人也需要这种感觉。他们和别人相处时,总是以自己为中心,常在不经意间流露出对别人的轻视,这样的人得到

第四章 建立朋友圈的基础——让别人喜欢你，才能交到好朋友

的从来不是大家的欢迎，而是厌恶和排斥。

要想使别人感到自己很重要，礼貌上的尊重毫无疑问是必要的，更重要的是，你要把他放在心上，让别人真切地感觉到他在你心中的重要性。

美国首位女国务卿奥尔布赖特曾在BN电影公司做过公关部经理，这份工作给她的压力很大，不仅要面临着巨大的职业挑战，还必须面对许多现实的琐碎问题，比如人际关系的处理、家庭生活的和谐等，但她巧妙地使这些烦琐的事情变得有趣。

在公司里，下属总会在某一个繁忙的下午突然收到一张上面写着诸如"你干得非常出色"之类的精致典雅的卡片；而在她丈夫生日的那一天，她总会努力举办一个家庭小舞会，而且是一个人事先布置好。下属因此对奥尔布赖特非常信赖和尊敬，丈夫则为有这样一个既能干又体贴的妻子感到骄傲。就这样，在繁忙工作的间隙，她并没有花太多的时间，却给他人送去了快乐。

她觉得，大家的生活节奏都那么快，大部分人都忘了一些最基本的问候，认为那些是无足轻重的小事情。但事实上，正是这些小事情最能体现出一个人的心意。一句小小的问候就能体现出一个人的真挚和诚意，使他人感到温暖，让别人感受到他在你心中的位置。

其实，奥尔布赖特的做法是对她个人形象、风度的最佳传播。当下属看到那张卡片的时候，一定会想起她，并认为她是一个很重视别人的人。这样一来，他们就会总是想到奥尔布赖特的优点，而不会注意她的缺陷。

人与人的关系不一定非要在大事中才能体现出来，日常生活中的琐碎小事更能体现出你的友善。既懂得工作的重要，也深谙生活的乐趣，随时把心中最真诚的愉悦带给大家，让他们感受到你对他们的重视，这就是处理人际关系的要诀。

在和别人相处时,如何让对方感觉到你把他放在了心上呢?

(1)关心对方关心的事

每个人都关心自己的利益、健康、家人等,你只要关心这些事情,并在适当场合就这些方面的问题提出自己的建议,就可以表现出你对他足够的关心,而他就会把你当成自己人。

(2)欣赏对方欣赏的事

你只要对他的成就、能力、风度表现出真诚的欣赏,他也一定会欣赏你,把你当成难得的知音。

(3)请教对方擅长的事

自己不懂的问题、不清楚的事情,不妨向对方求教,既可增长见识,又能得到对方的好感,一举两得。

把对方放在心上,是赢得别人尊敬和好感的有效途径。你轻视一个人,就不会把他放在心上,对他的一切漠不关心;你重视一个人,就会关心他的感受,关心他所处的状况。而当他感受到你的轻视或重视后,也会报以同样的态度。所以,当你想改善或巩固跟某个人的关系时,把他放在心上,无疑是最为有效的方法。

5.倾听,让你更有魅力

倾听,也意味着慎言,避免流言,不伤害自己,也不伤害他人。认真倾听他人的言语,代表你对他人的尊重,同时也能为你赢得别人的尊重。

在如此快节奏的生活中,我们心中积满了压力、迷惑、烦恼等,我们总

第四章 建立朋友圈的基础——让别人喜欢你，才能交到好朋友

觉得不被人理解，那是因为大多数人都忙忙碌碌，只关心自己的利益和自己的事情，除非你说的话与其相关，否则，他不会愿意浪费自己宝贵的时间来听你絮絮叨叨。

德怀特·弗罗曾经是摩根的法律秘书，后被柯立芝总统任命为美国驻墨西哥大使。墨西哥是山姆大叔的手指头，到那个地方当大使可不是一件容易的事情，但弗罗依旧踌躇满志地去上任了。

弗罗知道，必须在第一次拜见墨西哥总统卡尔斯的时候给对方留下好印象，自己才能更好地在那里开展工作。

结果，弗罗很成功地做到了这一点，他使紧绷着一根弦的墨西哥人和焦躁不安的美国人都松了口气。卡尔斯总统私下对朋友说："像弗罗这样的人才是真正进退有据的大使。"

那么，弗罗是怎样做到的呢？

其实很简单，弗罗和卡尔斯总统见面的时候，根本没谈那些该由大使负责谈判的严重问题，他只是称赞了一番厨师的厨艺，然后不慌不忙地抽出一根香烟，并请卡尔斯总统说了说墨西哥的情况，内阁对国家的期望，总统想做什么事情，以为对于国家未来形势总统有什么样的看法等。

总之，弗罗说得很少，只是偶尔提问诱导卡尔斯总统开口说话，同时一直非常认真地倾听，这让卡尔斯觉得弗罗很尊重自己。就这样，弗罗让卡尔斯总统的荣誉感得到了完全的满足，卡尔斯总统觉得自己受到了极大的尊敬。

在很多时候，懂得倾听比懂得怎么说话更加重要。也许就是因为这样，懂得倾听的人更加容易赢得别人的好感。

你是我最想要的朋友

新闻记者马克森以总是能成功采访那些领袖人物而闻名。他在介绍自己的经验时说："为什么很多新闻记者感慨自己并不能给领袖人物留下好印象？的确有很多领袖认为记者是有偏见或者很粗心的人，但事实上，是记者们自己给领袖造成了这样的印象。因为他们普遍不懂得如何很好地去倾听，哪怕他们已经提出了相应的问题，但在倾听的过程中要么不够认真，要么打岔，要么急于进入下一个话题，或者他们自己根本就是很健谈的人，而且把这种健谈表现得淋漓尽致。"

"有个大人物曾经对我说过，他们更喜欢那些善于倾听而非健谈的人。"马克森总结道。

实际上，那些沉默的倾听者才是最有魅力的人。因为他们知道，比起交流一方不感兴趣的话题，倾听更能达到彼此沟通的效果。他们不仅会安静地、饶有兴致地听别人讲话，而且会把倾听时的那种愉悦的感觉表现出来，让倾诉者觉得自豪。

事实证明，倾听是你能给予别人的最微妙的恭维，也是你赢得他人好感的最有力的武器。所以，不管是在日常的社交过程中，还是在朋友圈里，你都要学会做一个有耐心的听众，并且把你对说者的尊重和诚意表现在脸上，如此，你将会有意想不到的收获。

做一个耐心的倾听者要注意6个规则。

(1)对讲话的人表示称赞

这样做能酝酿良好的交往气氛。对方听到你的称赞越多，就越能准确表达自己的思想；相反，如果你在谈话过程中表现出消极的态度，就会引起对方的警惕，使之对你产生不信任感。

(2)全身注意倾听

无论你是坐着还是站着，与对方都要保持在对于双方都最适宜的距离上，并同对方保持目光的亲密接触。人们大多愿意与认真倾听、举止活泼的人交往,而不愿意与推一下才转一下的石磨打交道。

(3)以相应的行动回答对方的问题

对方和你交谈的目的,是想得到某种可感觉到的信息,或者迫使你做某件事情,抑或使你改变观点等。这时,你采取适当的行动就是对对方最好的回答。

(4)别逃避交谈的责任

作为一个倾听者,不管在什么情况下,如果你不明白对方说的话是什么意思,你就应该用各种方法使他知道这一点。比如,你可以向他提出问题,或者积极地表达出你听到了什么,或者让对方纠正你听错之处。如果你什么都不说,谁又能知道你是否听懂了?

(5)对对方表示理解,这包括理解对方的语言和情感

(6)要观察对方的表情

很多时候,交谈是通过非语言方式进行的,所以交谈时我们不仅要听对方的语言,更要注意对方的表情,比如看对方如何同你保持目光接触、说话的语气及音调和语速等,同时还要注意对方站着或坐着时与你的距离,从中发现对方的言外之意。

在倾听对方说话的同时,还有几个方面需要努力避免。

(1)别提太多的问题

问题提得太多,容易造成对方思维混乱,使之谈话精力难以集中。

(2)别走神

有的人听别人说话时,习惯考虑与谈话无关的事情,对方的话其实一句也没有听进去,这样做不利于交往。

(3)别匆忙下结论

不少人喜欢对谈话的主题作出判断和评价,表示赞许或反对。这些判断和评价容易让对方陷入防御地位,造成交际的障碍。

而令人满意的听话态度包括适时反问;及时点头;提出不清楚之处

并加以确认;能听出说话者对自己的期望;辅助说话的人或对之加以补充说明。

6.适当地运用恭维的手段

适当地恭维对方是有礼貌、有教养的表现。只有营造出良好的情感氛围,使双方在心理和情感上相互靠拢,缩短彼此之间的距离,才能更有利于自己和他人友好的合作。现实生活中,无论是与朋友还是客户交谈,不妨多谈谈对方的得意之事,这样容易赢得对方的认同。

恭维与奉承不同,前者是社交中的必要手段,是与人建立良好沟通环境时所使用的一种赞扬的话语;而后者则是令人反感的讨好与溜须拍马的行为,不值得提倡。

与人初次见面时,你给人留下的印象好坏便取决于你说话是否让人受用。人人都喜欢听好话,所以为了达到双赢的效果,在人际交往中适当地运用恭维的手段很有必要。

小彤是一家化妆品公司的推销员。某天,她去拜访客户刘姐,刘姐是个性格比较独立的人,那天正好和老公从广西旅游回来,小彤刚到的时候,看见刘姐在门口堆了一些户外装备。

小彤就说:"呀,刘姐,去旅行了?"刘姐嗯了一声说:"刚从桂林回来。"

小彤又接着说:"真羡慕你们,我也很喜欢户外旅行,但是一直没有机会。"

刘姐笑了笑说："我们也是抽时间去的,平时没时间,只有放假才能出去。"

"那边应该很热吧,不过刘姐的皮肤好,还和原来一样,一点也没晒黑。"至此打开话题,最后两人越聊越投机,小彤的生意也进行得很顺利。

但是,凡事要有个度,如果你过了这个度,恭维就成了讨好、巴结,如此,不仅不会达到你预期的效果,更有可能适得其反。

蕾蕾同样是一家化妆品公司的推销员,王女士是她所有客户里比较重要的一个,因此她非常珍惜,并且每次拜访对方的时候都会想方设法说一些好听的话,让对方高兴。

某次,她又去王女士办公室送对方订购的产品。看到对方办公桌上有些图案,她没话找话地说:"王姐,您这办公桌真好看,还有艺术涂鸦啊!"对方瞅了她一眼,扑哧笑了,并且态度有些不大友好地说:"你的眼睛多少度啊,那是划痕。"一时间,蕾蕾感觉非常尴尬,恨不得有个地缝钻进去。之后,她再也不敢轻易说一些奉承对方的话了。

诚然,蕾蕾只是一时闹出了笑话,但是,倘若你无意间说了一些不着边的话,让对方听了觉得你是在讽刺他,那恭维的效果就会完全变味。

相反,假如你说的恭维话恰如其分,不但没有讨好的嫌疑,还让人觉得你是在真心赞美他,想必他会很喜欢和你搭话的。例如,当你的主管讲完一句话,你马上说:"这样做最好,这真是明智的决定。"这不是巴结是什么?但是,当你的主管讲完话,你稍微停一下,说:"这么一来,我所有的问题都解决了……"你这就是在恭维别人,因为你说的是事实。

一个人嘴巴甜一点,说出来的话人人受用,这样才能受欢迎,才能在

你是我最想要的朋友

朋友圈里、职场生涯中或者其他一些社交场所处于主动地位。在说话上下点功夫,多说恭维话,并且区分恭维和奉承的不同,将好听话说得恰到好处,效果必定也会恰到好处。

7.幽默,打开沟通的大门

幽默是一种能博得好感、赢得友谊的好方法,尤其是在遇到那些没必要争执或不值得争执的问题时,幽默更能收到很好的效果。

无论我们从事什么工作,处于何种地位,与人交往是不可避免的。幽默不仅能帮助我们与他人进行有效的沟通和交往,还能帮助我们处理一些特殊的人际关系问题,让我们顺利地渡过困境。适当的幽默能帮助我们与他人建立和谐的关系,赢得别人的信任和喜爱。

在与人交往时,当你看穿了别人的想法但又不便直说时,不妨神色自若地使用一下幽默,相信定能达到你想要的结果。

不论是在别人家做客,还是在自己家待客,充满幽默的气氛是每个人都需要的。一个面带怒容或神情抑郁的人,永远都比不上一个面带微笑、风趣幽默的人更受欢迎。

美国哲学家乔治·桑塔亚那决定结束他在哈佛大学的教授生涯。这天,他在哈佛大礼堂讲最后一课时,一只美丽的知更鸟停在窗台上,不停地欢叫着。桑塔亚那出神地打量着小鸟,许久,他转向听众,轻轻地说道:"对不起,诸位,我要失陪了,因为我与春天有个约会。"言必,他便微笑着走了出去。

这句美好的结束语充满了诗意,也颇为幽默,赢得了听众热烈的掌声。

任何时候,任何场合,幽默都能帮你打开人与人沟通的大门。假如你要赴朋友新居乔迁的宴会,主人也许有些紧张,此时正是你运用幽默帮他放松心情的好机会。你不妨向主人说:"张小姐邀请我来时,告诉我说:'你只需用手肘按门铃即可。'我问她为什么非用手肘按,她说:'你总不至于空手去吧?'"

只要你稍微留意一下,生活中到处都可以发现不易为人察觉的幽默。一位警察在处理一起交通事故后,坐下来填写报告单。在一位乘客的反应一栏中,他觉得很难用简单的几个字说清楚,于是干脆写道:"他们像热锅上的蚂蚁,急得团团转。"生活中,正是这些似是而非的怪事,给我们带来了无穷的乐趣。

有两个保险公司的职员发生了争执,双方都夸耀自己公司在支付保险金上的速度快。第一位说他的公司肯定能在事故发生当天就将保险金送到投保人手里;而另一位则说:"那根本不算快。我们公司在大楼的第23层,如果有一天投保人从40层楼跳下来,当他经过23层时,我们就能将保险金支票从窗户交给他。"

一个人不仅要善于幽默地调侃他人,也要能接受他人的幽默调侃,如此才能赢得友谊,成功建立社交关系。在社交的任何一个团体之中,不论你只是其中的普通一员,还是担任委员、干事、主席等职位,善于运用幽默的力量都能让自己获益匪浅。

8."人情债"为你储备人缘

如今,很多人的处事观点都是:无论做什么,尽量别吃亏。其实,吃亏并非都是坏事。有些时候,需要糊涂处事,主动吃亏。若一个人处处不肯吃亏,处处必想占便宜,那么必会妄想日升,骄心日盛。一旦其有了骄狂的态势,难免会侵害别人的利益,于是便纷争四起,又焉有不败之理?

很多时候,吃亏是一种福,是智者的智慧。不管你是老板还是员工,当你主动吃亏时,若对方接受了你的"谦让",他就会一心一意与你合作,而且有可能会寻找机会偿还这份人情。

有一个砂石老板,没有文化,也没有背景,但生意做得出奇的好,而且历经多年,长盛不衰。他的秘诀很简单,就是与每个合作者分利的时候,故意只拿小头,把大头让给对方。如此一来,凡是与他合作过一次的人,都愿意与他继续合作,而且还会出于感激而给他介绍一些朋友,再后来,朋友的朋友也成了他的客户。虽然他只拿小头,但所有人的小头集中起来,就成了最大的大头,这个砂石老板才是真正的赢家。

不过,"吃亏是福"不能只当套话来理解,应在关键时刻有敢于吃亏的气量,这不仅能体现你大度的胸怀,同时也是做大事者的必要素质。每次吃亏都会为你攒下一笔人情债,开始时吃亏实际上是为了着眼于更大的目标。把关键时候的"亏"吃得淋漓尽致,才能成为最后的赢家。

第四章 建立朋友圈的基础——让别人喜欢你,才能交到好朋友

徐先生在广州开了一家海鲜酒楼,叫南海渔村,最近经营上遇到了问题。

一天,他在同一条街上看到两家时装店,一家生意兴旺,另一家却相当冷清。究竟是什么原因呢?他走进那家旺店一看,原来店里除了高档货外,还有几款特价服装。

他由此受到了启发,于是也在自己店里实行这一策略,每天酒楼里都有一款特价海鲜,售价远远低于同行的价格。比如,当时基围虾的市场价格为每斤38元,徐先生把它们降到了28元。不仅如此,结账时,他还将每位顾客消费的零头全部抹掉。有些常客几乎三天两头就过来吃,他次次都将零头抹掉,常客们开玩笑地说:"你长期这样给我抹零头,都抹掉几斤大虾了!"而徐先生每次都是一笑而过。

这两招一举成功,很多食客就冲着那一款特价海鲜而走进南海渔村的大门。降低价格,徐先生已经做好了亏本的准备,但由于吃的人多,每月销售出4吨基围虾,结果不但没亏本,反而赚了钱。

自此以后,南海渔村门庭若市,顾客络绎不绝。

徐先生作为饭店的经营者,之所以能够成功,就是抓住人们贪便宜、好尝鲜的本性做文章。因为贪便宜,一看到原本38元一斤的基围虾降到了28元一斤,人们便蜂拥而至抢便宜货,再加上老板大方地抹掉零钱,酒楼自然就出了名,大把的钱也就自然流入了徐老板的腰包。

由此可见,积少成多放人情债的方式在商场上很受欢迎,更重要的是它在搞好人际关系、润滑处世方面也非常奏效。当然,让别人占点便宜并不是要大家随时随地都去吃亏,吃亏是有学问、有讲究的。我们要学会吃亏,而且亏要吃在明处,至少要让对方心中有数。这样才能让别人觉得欠你人情,以后你若有求于他,他才会尽力帮你。

9.让别人信任你——做个能给朋友"安全感"的人

这个人我能不能信任他?这样的问题总是困惑着许多人。合作的时候笑脸相迎,发生冲突的时候就翻脸不认人。哪怕是朝夕相处的同事或者朋友,也会在发生利益冲突的时候变成敌人。对于"朋友"的不安全感,确实让许多人感到困惑。

在现代社会的人际交往当中,对他人缺乏安全感的人越来越多,这些人在心理上的明显表现就是不相信任何人,时刻处于戒备的状态。在人际交往中,别人很难走进这些人的生活和心里,也很难取得他们的信任。

在与他人交往的时候,核心人物最关心的是:他是否重视我、是否尊重我、我的话语是否有真知灼见、我的表述是否精辟等。一旦我们的做法或者态度给核心人物带来不安全感,我们就很难走进核心人物的心里。

核心人物之所以在心理上缺乏安全感,在很大程度上是由人本身造成的。人是生活在社会中的,人与人之间的交往在给人带来各种好处的同时,也带来了很多危险,正所谓"人心叵测",故而"防人之心不可无"。

那么,如何做个让别人信任的人呢?下面几点也许可以帮到你。

(1)营造舒适、有安全感的交流环境

每个人都有一定的人际关系背景,并且有相应的行为模式。在交往的过程中,每个人都力图创造出适合自己的情景模式。在与核心人物交往时,首先要创造一个符合对方心理需求的交流情景,例如交流的地点和气氛等要尽量适合核心人物的行为模式,使对方的情绪处于一个愉悦的状态。

在一个实验中,工作人员准备了两个房间,一个房间阴冷、装饰恐怖,另一个房间温暖舒适。工作人员让两组观察者和客人进行交流,并要求客人说出对两组人的评价。结果显示,处在不同房间的客人对观察者的评价和印象明显不同。处在舒适房间的客人对观察者的好评远远多于置身于不舒适房间的人对观察者的评价。

实验表明,舒适、安全的环境能排除人的恐惧心理,使人心存善良、心情舒缓。所以,要想攻破核心人物的心理防线,首先要创造一个使核心人物感到舒适、安全的环境。

(2)言语巧妙,消除对方的言语戒备

以色列总理拉宾是和平的守卫者,他很少接受采访,不喜欢与新闻界打交道。我国著名的记者、电视节目主持人水均益在采访拉宾时采用了攻心策略,巧妙地打开了他的话匣子。

采访拉宾时,水均益首先说:"总理先生,一千多年前,一些犹太商人和拉比(犹太教士)带着商品和在羊皮上写成的《圣经》卷宗来到了中国的黄河岸边。从那时起,犹太人民和中华民族有了第一次良好的交往。今天,作为第一位来访中国的犹太国家的领导人,您给我们带来了什么?"

水均益的这番话,既表明自己熟谙两国人民的历史,使对方不敢小觑自己;又说出了两国人民的友谊源远流长,同时还显露了自己对拉宾总理的信任与热切期待,期待他的到来能揭开两个民族之间友好交往的新篇章。

无疑，这是拉宾最喜欢的话题，就这个问题，他真诚而愉快地谈了7分钟。对向来不苟言笑的拉宾而言，这是破天荒的。

水均益运用语言技巧，从拉宾的愿望、志趣、信仰、理想等方面入手，寻找到了与拉宾共同的话题，投其所好，这大大缩短了双方的心理距离，引起了对方的心理共鸣。

要突破核心人物的心理防线，就要在交流的过程中巧妙施展语言技巧，找到共同话题，引导双方进入自己设定的交流情境当中，争取主动。

(3)以情攻心，促其转化

《触龙说赵太后》中讲述了触龙劝说顽固的赵太后的故事。触龙见到赵太后之后，先谈健康问题，表示对赵太后的关心，消除了她的怒气；继而谈爱子问题，用激将法说赵太后爱燕后胜过爱长安君，逼着赵太后吐露溺爱长安君的心事；然后，又以赵王和诸侯的子孙为例，暗示赵太后的溺爱对长安君并没有好处，并最终打动了赵太后。

触龙之所以能劝说成功，除了具有高超的语言艺术外，还在于他深切地了解赵太后的心理，用真情实感去打动赵太后，唤起了她的爱子真情。

人非草木，孰能无情？物质上再大的满足也替代不了情感上的需要。对一些讲义气、重感情的核心人物，要充分利用其对父母、子女的牵挂之情和亲友之谊去打动他们，消除他们心理上的戒备，让他们确认你就是那个他们最愿意倾吐心声的人。

(4)寻求一致，以短补长

与他人交往缺乏安全感的人经常都处于"不"的心理组织状态之中，

自然而然地就会表现出不友好的态度。因此,要想突破这样核心人物的心理防线,就要努力寻找与对方一致的地方,先让对方赞同你远离主题的意见,从而使其对你的话感兴趣,而后再设法将你的主题引入,最终求得对方的同意。

10.打理朋友圈不能急功近利

一列商队在沙漠中艰难地前进,昼行夜宿,日子过得很艰苦。

晚上,主人搭起帐篷,安静地看书。忽然,他的仆人伸进头来说:"主人啊,外面好冷啊,您能不能允许我将头伸进帐篷里暖和一下?"主人很善良,欣然同意了他的请求。

过了一会儿,仆人说道:"主人啊,我的头暖和了,可是脖子还冷得要命,您能不能允许我把上半身也伸进来呢?"主人又同意了。可是帐篷太小,主人只好把自己的桌子向外挪了挪。

又过了一会儿,仆人又说:"主人啊,能不能让我把脚伸进来呢?我这样一部分冷、一部分热,又倾斜着身子,实在很难受啊。"主人又同意了,可是帐篷太小,两个人实在太挤,他只好搬到了帐篷外边。

当个体先接受了一个小要求后,为了保持形象的一致,他可能会继续接受一项重大但不合意的要求,这叫"登门槛效应",又称"得寸进尺效应"。

心理学家认为,一下子向别人提出一个较大的要求,对方一般很难接受;如果逐步提出要求,不断缩小差距,人们相对会比较容易接受。这主

你是我最想要的朋友

要是由于人们在不断满足小要求的过程中已经逐渐适应,意识不到逐渐提高的要求已经大大偏离了自己的初衷。

想让别人为自己做一件事,如果直接把全部任务都交给他,往往会让他产生畏难情绪,从而拒绝你的请求;而如果化整为零,先请他做开头的一小部分,再一点一点请他做接下来的部分,对方往往会想,既然开始都做了,就善始善终帮到底吧。

有两个美国人做过一次有趣的调查,他们去访问郊区的一些家庭主妇,请求每位家庭主妇将一个关于交通安全的宣传标签贴在窗户上,然后在一份关于美化加州安全驾驶的请愿书上签名。面对这小而无害的要求,很多家庭主妇都爽快地答应了。

两周后,他们再次拜访那些合作的家庭主妇,要求在她们院内竖立一个倡议安全驾驶的大招牌,该招牌并不美观并且要保留两个星期。结果,答应了第一项请求的人中有55%的人接受了这项要求。

之后,他们又直接拜访了一些上次没有接触过的人,这些家庭主妇中只有17%的人接受了该要求。

既然已经在刚开始时表现出助人、合作的良好形象,即便别人后来的要求有些过分,也不好推辞。生活中,要想促使别人答应自己的要求,就需要借助"登门槛效应"。

如果你有一件棘手的事想请人帮忙,或者有某个要求想征得别人同意,最好不要直接说出来。你可以在提出真正的要求之前,先提出一个估计对方肯定会拒绝的大要求,待别人否定以后,再提出真正的要求,这样,别人答应的可能性就会大大增加。

有一个人得了高血压,夫人遵照医嘱,做菜时不放盐,丈夫口味不适应,拒绝进食。后来,夫人将医嘱折中了一下,每次做菜少放一点儿盐,每次递减的程度很小,后来丈夫逐渐习惯了清淡的味道,即使一点盐不放,也不觉得难吃了。

打理朋友圈也是一样,在人际交往中,当你要求某人做某件较大的事情又担心他不愿意做时,可以先向他提出做一件类似的、较小的事情,然后一步步地提出更大一些的要求,从而巧妙地达到自己的目的。向朋友求助时,别忘了要循序渐进,欲进尺先得寸,这是促使别人为你办事的技巧。

第五章

朋友圈的黑名单

很多人抱怨自己没有真正的朋友,这种想法难免有些偏激,但也确实说明了一些问题。面对各种复杂的人事,我们要提高警觉性,分清朋友的善恶、好坏,谨慎行事。

你是我最想要的朋友

1.以利益和你结交的朋友

朋友是我们生命中的贵人,但他也会在特定的时候变成小人,不为别的,大多只为"利益"二字,正所谓"天下熙熙,皆为利来;天下攘攘,皆为利往"。

谢敏上大学后便违背了父母的意愿,放弃了医学专业,专心于写作。值得庆幸的是,偶然的机会让她遇到了知名的专栏作家许家璇,她们成了知心朋友,无话不谈。在许家璇的悉心指导下,谢敏成功地在报上刊登了自己的文章。一个人在挫折时受到的帮助是很难忘的,更何况是朋友。自此之后,谢敏与许家璇几乎形影不离,两人一同参加酒会,一同去图书馆查阅资料,谢敏还把许家璇介绍给了她所有认识的人。

但这时的许家璇面临着不为人知的困难,她已经拿不出与其名声相当的作品了,创作的源泉几乎枯竭。

谢敏把她最新的创作计划毫无保留地讲给许家璇听时,许家璇心里闪过了一丝光亮。她端着酒杯仔细听完,不住地点头。

不久,谢敏就在报纸上看到了自己构思的创作,文笔清新优美,署名是"许家璇"。谢敏痛苦极了,她等着许家璇给她打电话解释一下,但等了三天都没有任何音讯。

从那以后,这对曾经的好朋友彻底分道扬镳。

利益,往往是朋友和小人最好的试金石。有的人在对自己有利或利益无损时,可以称兄道弟,显得亲密无间。可是一旦有损于自己的利益,他们就会像变了个人似的,友谊、感情统统抛诸脑后。

春秋末年,晋国中行文子被迫流亡在外,有一次经过一座界城时,他的随从提醒他道:"主公,这里的官吏是您的老友,为什么不在这里休息一下,等等后面的车子呢?"

中行文子答道:"不错,从前此人待我很好,我有段时间喜欢音乐,他就送给我一把鸣琴;后来我又喜欢佩饰,他又送给我一些玉环。这是投我所好,以求我能够接纳他。而现在我则担心他会出卖我去讨好敌人。"于是,他很快地就离开了。果然不久,这个官吏就派人扣押了中行文子后面的两辆车子,献给了晋王。

"路遥知马力,日久见人心",岁月也可以成为真正公正的法官。经过长期交往、观察,你会达到这样的境界:知人知面也知心。

2.只能同患难,却不能同富贵的人

在某些时候,朋友会成为我们事业的助推剂,但时过境迁,朋友也可能会变成陷害我们的小人,这就要我们拥有一双慧眼,适时避开,免遭飞来横祸。

春秋晚期,吴、越两国在东南沿海兴起。这两个国家之间经常发生战争,仇怨越结越深。

公元前494年,吴王夫差在会稽等地大败越军,越王勾践只得屈辱求和。

后来,越王勾践在谋士范蠡、文种的谋划下,经过十年卧薪尝胆的磨炼,逐渐强兵富国,并率军伐吴,经过激烈的战斗,终于获得了胜利。越王在贺台之上大摆宴席,庆祝伐吴的胜利。席间,觥筹交错,群情欢腾。但是,越王却面无喜色,似乎另有心思。范蠡敏锐地察觉到了这一点,知道越王是在担心将来难以压制功劳卓著的大臣,就私下对越王的另一重臣文种说:"俗话说:'狡兔死,走狗烹;飞鸟尽,良弓藏'。以我对大王的了解,臣属可以与他共患难,却不可共富贵。从现在起,功劳卓著的大臣都有功高盖主之嫌,如果本身再不收敛言行、倍加谨慎的话,一旦有奸佞小人在大王面前诬陷,我们肯定会遭殃。"

第二天,范蠡朝见越王,启奏说:"君主受辱,臣子不可以偷生。先前大王被俘,我应死节。我忍辱负重,目的就是要帮助您完成复国大业。现在我们的敌人吴国已被剿灭,越国得以复兴,我恳请君主您赦免我在会稽兵败的死罪,让我归老于江湖,以尽晚年。"尽管越王再三相劝,并许诺委以要职,范蠡仍然执意要隐退。过了一天,越王再度召见范蠡时,已经不见了他的踪影。原来,范蠡已经不辞而别了。

另一位与范蠡同有功劳,扶助越王勾践复越灭吴的功臣文种,虽然听了范蠡劝他避难趋安,防止小人诬陷和宫廷倾轧的话后,也认为很有道理,但他终究心存侥幸,认为越王绝不会亏待他们这些复越功臣。最终,他选择留在越王的身边。后来,文种身体欠佳,有一段时间因病没有上朝。这时,一个佞臣为了除掉自己向上爬的"障碍",就在越王面前打起了"小报告"。他诬陷文种自恃有功,因为没有获得更高的官爵和更多的财富而对越王心存不满,所以借故不上朝。

越王本来就担心臣属功高盖主,现在又有人告发文种对自己心存不满,他就更加猜忌了。于是,他亲临文种寓所去"探病"。进屋后,他先是解下自己的佩剑,然后才入座。他看了文种一眼,说:"您有七法,仅用了三法就灭吴复越。剩下的那四法你准备往哪里用呢?难道要谋算埋在地下的吴人先祖吗?"话音刚落,不等文种回答,越王就故意留下宝剑乘车离去了。

文种取过越王留下的宝剑一看,只见上刻"属镂"二字,大为惊异,因为"属镂"剑是吴王夫差赐给伍子胥自杀的剑。文种又仔细回味了一下越王刚才的语意,哀叹道:"大功大德不得好报,我到底是被奸佞给诬陷了。唉,我好后悔不听范蠡之言。"说完,他就挥剑自刎了。

文种的下场,也是后来许多文臣武将的下场。他们都是在新君的领导下建功立业,位极人臣,却又遭新君的猜忌而死于非命,留下了无尽的遗憾和感叹。

所以,无论什么时候,我们都得多长个心眼,防止我们曾经的友人变成小人,尤其是那种只能同患难,却不能同富贵的人。

3.以"关心"为名义,却总是和你"过不去"的朋友

你有很多朋友,但你却觉得自己过得并不快乐。你的状态越来越不好,甚至怕见人,感觉周围处处是危机,一切都让你一筹莫展。你是否想过,这些不正常的根源全在于你的某些"朋友"?

这些朋友,离你足够近,对你足够了解,却不够体贴。他们把自己的

心思、意愿强加到你的头上，不知不觉给你造成了伤害。这种伤害有时让你苦不堪言，却无法摆脱，他们打着"关心"的名义把你的生活搞得面目全非。

张辉有一个朋友叫王志飞，两人从小一起长大，绝对的铁哥们儿。

读初中的时候，两人学《三国演义》的"桃园三结义"，结拜成了兄弟，张辉小王志飞几个月，自然就成了小弟。这么多年来，似乎王志飞总是在照顾着张辉，用王志飞的话说，就是"处处罩着张辉"。但是张辉却越来越觉得王志飞的照顾让自己有些喘不过气来。

后来，张辉的小姨给张辉介绍了一个女孩。相亲那天，王志飞不请自来，说是要和张辉一起去，帮张辉参谋一下。正好，张辉也觉得有些紧张，就带上了王志飞。

一见面，发现对方正是自己喜欢的类型，张辉很高兴，就开心地和对方聊了起来。气氛渐佳时，王志飞突然在一旁说："哥们儿，看来这次不错，我就告退了。瞧你那个熊样，相亲都得带保镖，以后胆大些。噢，对了，来的时候，你妈让我交代，要聪明些，别谈不成就乱花钱，知道你没啥心眼，啥事都得交代一下。"一句话羞得张辉赶紧低下头。面对女孩诧异的眼光，张辉只得硬着头皮说："我的这位哥们儿就爱开玩笑，别介意。"

在交往了一年后，女孩觉得张辉不错，就答应了张辉的求婚。婚礼温馨又浪漫，着实让两位新人感觉到了生活的美好。第二天，按照习俗，张辉要陪自己的老婆回门。作为张辉最好的朋友，王志飞当然又是陪同前往。岳父包了一家酒楼招待他们，大家边吃边聊，气氛好不热闹。突然，王志飞对张辉的岳父说："叔叔，你这次可花了血本的吧。有一次张辉来你家吃饭，回去后又吃了一大碗饭，他说你家四个人就吃两盘菜，让他都不敢吃。"真是哪壶不开提哪壶，一下子让张辉又尴尬又难堪。一桌子的人哄堂大笑，张辉看见岳父的脸明显黑了下来。

第五章 朋友圈的黑名单

诸如此类的事情太多了,搞得张辉都有些怕王志飞了。出门办事,他第一个念头就是不想让王志飞跟着。但王志飞却不依不饶,说:"就你那熊样,我还不知道啊?我要不跟着,怎么能放心呢?"

可能是这句话刺激了张辉,他冲着王志飞吼道:"你管得太多了吧。"

两个好朋友就此闹开,谁也不愿搭理谁。

张辉觉得委屈,他不明白,王志飞怎么好像专门跟自己过不去似的,总让自己出洋相,让自己在人前抬不起头来。他真怕了王志飞,只要一想起来,他就觉得压抑。

张辉最大的悲剧就是对朋友过分纵容,而王志飞最大的问题就在于不懂得尊重朋友。再亲近的朋友,彼此心中都应该有一个不可触碰的底线,这就是尊重。一个对你没有尊重心的人,有可能会成为好朋友吗?

现实生活中,每个人都面临着各种各样的压力,若这些压力无处发泄,就会在人的脑海里形成一股恶性情绪。为了释放那些不好的情绪,人们潜意识中就会寻找一些对自己没有危险的方式,来消极地发泄。他们通过各种方式缓解了压力,却苦了这些作为出气筒的朋友。这类人就是朋友中潜藏的消极对抗者。

这些消极对抗的朋友,其实是生活中的"毒瘤",每个人的友谊树上都有可能生长。所以,聪明的人要学会定期检查自己的朋友,一旦发现毒瘤的苗子,就赶快进行医治,免得将来毒瘤越来越大,给你带来更多的伤害。

4.遇事总爱给你泼冷水的人

谁都渴望取得事业上的成功,实现人生的辉煌。但人们总是面对着丰满的理想、骨感的现实而嗟叹,因为成功的机会实在是太少。

不过,兔子也有行三天好运的时候呢,这不,上帝终于向你抛了一回媚眼,给你砸下来一块香喷喷的馅饼:一个可以改变你,或者转变你人生的机会摆在你面前。借助这个机会,你的事业可能会向前进一大步;或者因为这个机遇,你的人生就此改变……你得意扬扬,一边感激上帝一边准备扬帆启程。

但就在这时,就如伊甸园突然蹿出来的那条蛇一样,你的一个"朋友"跳了出来。你的朋友很睿智,长篇大论地给你摆事实、讲道理。他的目的很明确,就是想让你知道,你的大脑缺乏一种叫作冷静的东西,作为朋友,他必须帮助你。一桶冷水浇下,在朋友的提醒下,你总算清醒了过来,明白自己是一时头脑发热,所以才有如此不切实际的幻想,什么机遇和计划,根本就是黄粱一梦。

然而,就在你犹豫时,命运女神一闪而过,你错过了一个再也不能把握的机会,后悔得直拍自己的脑门,但那时已经无济于事了。

邱水明是做服装生意的。冬天的时候,一家刚上市的服装公司正在诚招代理商,走运的是,这家公司的营销部总监是邱水明曾经的上司王家栋。王家栋在公司时就对邱水明颇为照顾,而当他得知邱水明现在也在做服装生意后,就跟公司申请了很优惠的条件。

第五章 朋友圈的黑名单

邱水明初步算了一下,如果接下这家公司的代理,按冬季的销售量,进个十万元是稳操胜券的。而且,曾经的上司为他争取来的优惠让他很心动。于是,邱水明决定选好门面之后,就着手谈代理的事。其实更让邱水明动心的还有另一层,王家栋说,如果他做得好,下一步就可以谈西北五省的总代理,如果果真这样,前途必定一片辉煌。

刚好这时,邱水明隔壁的服装店因为经营不善决定转租,他便赶快把这间门面盘了下来,准备装修。但装修完毕后,进货需要十万款项,这让邱水明有点犯难。因为早一个星期,另一家公司就跟他说,快到销售旺季,可能会涨价,所以提醒他赶快囤货。商人当然重利益,何况销售旺季一个月抵得上全年的营业额,所以当时邱水明二话没说就把手中的余钱全部投资了进去。这边新谈的代理马上就要签约了,手中的资金实在有些周转不开。为难之际,邱水明想到了好朋友孙强,孙强是自己多年的好友,借钱应该不成问题。

孙强一看到老朋友来了,便热情地招待他,还忙说自己很想邱水明,但是太忙,没空去看他。邱水明心里挺感动,告诉孙强自己是来借钱的,如果把这家新公司的服装生意做好了,下一步西北总代理的事可以和孙强一起来做。

邱水明本想着孙强会因此感激他,没想到他却一下就瞪大眼睛说:"你啊,这真是初生牛犊不怕虎!"接着又苦大仇深地教训起邱水明来:"现在的服装市场不好做,新上市的公司,你知道他们能运营多久,万一要是栽进去,你多年的心血就泡汤了。我不是不想借给你钱,而是不想让你的心血白白打水漂。"

被好友这么一说,想想自己这么多年奋斗的辛酸,邱水明也开始反思自己是不是有些冒险了。考虑了一番,他决定听好友的,先冷静一下再说。

就在邱水明犹豫的当下,那家新公司在联系了几次邱水明都无果后,

105

马上又联络了其他代理商,很快铺开了市场。因为新公司为了打开市场,先期货物价格低廉,而且质量上乘,生意十分火爆,那家代理商狠狠地赚了一把。

看着别人数银子,邱水明后悔得心肝都疼了起来。心里埋怨孙强,好几天都不想接他的电话。

遇事总爱给你泼冷水,让你"清醒",这样的人,有些的确是为了你好,而有些则不得不探查其背后的意思。或许是他们想证明比你聪明的虚荣心作祟,也或许是他们怕你成功的嫉妒心在作怪。

交上这样的朋友,恐怕得提前给自己打预防针,提高自己承受打击的能力。

5. "林妹妹"式的多愁善感者

现代生活疲惫又忙碌,再加上各种压力袭来,我们当然需要有轻松的朋友,找个适宜的环境,把心中的苦水倒出来。但若朋友是"林妹妹"式的人,也许你还没倒苦水,他的苦水就先如洪水一样汹涌而来。整日浸泡在苦水中,哪里还有心情品味生活的美好?

王蕊有一个朋友叫陈珍珍,陈珍珍什么都好,就是性格太过柔弱,简直就是林妹妹的翻版,整天愁眉苦脸、唉声叹气。

一有不开心的事,陈珍珍第一个想到的就是王蕊。看到朋友不舒心,

第五章 朋友圈的黑名单

王蕊当然是百般劝慰,让她凡事看开些,别总由自己的性子来。但王蕊的这番话跟吹过的清风一样,陈珍珍根本就没听进去。

那天,王蕊要和男友一起去拍婚纱照,正准备出发,陈珍珍的电话就来了。在电话里,陈珍珍说活着没意思,真想一死了之。王蕊一听,吓了一大跳,立刻丢下男友,奔向陈珍珍那里。一问才知道,原来前一天由于疏忽,陈珍珍弄错了一个数字,被总监批评了一顿,她心里想不开,便觉得活着没什么意思。

知道陈珍珍没事,王蕊的心才放下一半,只得安慰陈珍珍,又是请吃饭,又是请喝咖啡,陪了她一整天。回到家后,王蕊见男友生气,只得连连赔不是。

这事过去没多久,陈珍珍的问题又来了——男友受不了她的小性子,决定和她分手。陈珍珍因为这寻死觅活,不是不吃饭,就是哭个不停,王蕊安慰了一天也没用。正在这时,公司打来电话说让王蕊加班,王蕊不放心,只得叫来另一个朋友陪着陈珍珍,然后才去公司。可是,脚刚迈进公司的大门,朋友就打来电话说陈珍珍晕了过去。王蕊没办法,只得找同事帮忙,交代几句,就匆忙赶往医院。

刚进医院,陈珍珍就像祥林嫂一样讲自己这么多年这么苦心守候这份感情,男友怎么能这样,说分手就分手。

就在这时,总监打来电话一通狠批,因为王蕊把自己的工作拜托给同事,而同事又不是很熟悉,所以工作出了差错,险些造成巨大损失。总监要求王蕊写一份书面检查,在周一公司例会时做公开检讨。而此时,陈珍珍还在絮絮叨叨地讲述着自己悲惨的故事。不知怎得,王蕊忽然就生气了,她觉得自己已经够忙了,还要花费大量的精力在陈珍珍身上。想想自己这一天,没吃饭,甚至连口水都没来得及喝,顿时觉得火冒三丈,于是狠狠地骂了陈珍珍一顿就走了。

王蕊这样的好朋友的确很难得，但是她却忽略了自己。陈珍珍离开了王蕊，能不能活？这是肯定的。所以，不要为了一个忧郁的朋友把自己的生活搞得一团糟，这样不值得。

这类朋友，自己没有主心骨，却总爱把麻烦扔给别人，自己不舒服不说，还把朋友也拖得精疲力竭。他们把朋友看成自己的避难所，一有问题，首先想到的就是找朋友。把麻烦和负面情绪全部扔给朋友，自己反倒轻松了，却从不考虑朋友的心情和处境。

朋友虽然是世间最纯洁的一种交往模式，但也要互惠互利，投之以桃，报之以李。如果你只会一味地索取，任谁都会觉得疲惫，感觉郁闷。

6.自私自利的人

哲学家叔本华说："不能向敌人说的话，也不能向朋友说。"很多人都有被人出卖的经历，这个人可能是你的合伙人、同事、朋友，甚至亲人。有时，越是亲密的关系，出卖的情况就越有可能发生，就连耶稣也未能逃脱被门徒出卖的命运。

前不久，小张抱怨说自己被同事出卖了。

他和同事两个是一同进的公司，工作表现也相差不多。面临严峻的经济形势，公司有裁员的打算。因为他们是好朋友，所以无话不谈，在一次吃饭的时候，他对同事说："最近人心惶惶，一点也没有工作的心思，所以我就上班玩游戏打发时间。"

第五章 朋友圈的黑名单

同事非常好奇地问:"难道不怕被老板发现吗?"

小张沾沾自喜地说自己有妙招:"我打的是隐蔽性极强的巨人游戏。"

可想而知,他的同事为了保住自己的饭碗,将这件事告诉了上司。结果,某一天,就在小张玩游戏玩得正酣之时,老板出现在了他的身后。铁证如山,他无言以对,只能看着愤怒的老板离去,等待着被裁的消息。

如果说社会底层的人为了生存而做出出卖之事,尚且情有可原,那么,那些位高权重者欲壑难填,出卖集体和国家利益的人,则让人觉得心寒。

实际上,不管是何种情境下的出卖,其出卖行为的本质并没有什么不同,那就是一切从自己的利益角度出发。与面临生死时为了求生而出卖相比,更多的是面对利益诱惑时的出卖,这种人是极其可怕的自私自利的小人。在他眼里,没有什么不能出卖,亲情、友情、爱情、集体利益、国家利益……与这样的人共事,若不能看穿他的本质,早晚会被他出卖。

常言说得好,害人之心不可有,防人之心不可无。要提防那些只顾个人利益而忽视集体利益的人,不要被其利用或伤害。除了谨慎选择朋友之外,还要谨言慎行。说者无意,听者有心,也许你不经意的话语会被别人拿来当作话柄或话题,一有机会,便会将你出卖出去。所以,还是离这种人远些好。

7.酒肉朋友

酒肉朋友再多也无益处，无非吃喝玩乐，遇到难事，这样的人根本不会帮你。

孙莹能写一手好文章，因此在单位里得了个才女的称号，一般领导要写个总结、提案什么的都会找她。有一天，孙莹正在做自己的财务报表，领导说下午3点之前急需3份不同的文字材料，让她及时赶出来，但是一看时间已经是上午的10点多了，铁定是做不完的。无奈之下，她只好打电话向一位朋友求助，这位朋友是家杂志社的编辑，是个爽快人，听此情况后二话没说就来了。

中午11点左右，这位朋友带着他的一位朋友如约来到孙莹的办公室。一番介绍后，他们就开始天南地北地胡侃，从金融危机到世界政坛，从古希腊文明到历史渊源，从甲骨文的鉴别到第四代简化字的使用，孙莹一面陪着漫天胡侃，一面瞅着墙上的挂钟咔哒、咔哒不停地转，心里急得直冒火，却苦于无法发作。转眼半个小时过去了，孙莹看出这位朋友没有走的意思，便心一横问道："两位想吃点什么？"这位大笔杆子也不客气，"都是好朋友，就近就简吧！"

于是，孙莹就在附近找了个饭店招待他们。几番推杯换盏后，孙莹的朋友越喝越兴奋，抄起电话一通拨打。就这样你找三个我找两个，不多时，便由原来的三人"小聚"变成了五六个人的"团聚"，又由原来的六人团聚变成了十来个人的"大聚"。大家彼此间有熟识的，也有陌生的，通过朋友引荐后，便以酒开道、以酒会友，这酒喝起来也就没数了。虽说是一次难得的朋友聚会，无奈孙莹还有3份材料压在身上，本想找朋友帮忙，不想材料一个没有推出去还浪费了不少时间，这种情形下，她无心继续恋战，便匆匆结账告辞。回到办公室后，她迅速查找资料，飞速转动脑神经，用最快的速度、最高的效率在规定的时间内交上了全部材料，这才长长地舒了口气。这时，她想起了在饭店的朋友们，打电话过去，这些朋友还在饭店里觥筹交错，而此时已经是下午3点了。

有一类人每天游走于各类酒场，交着不同的朋友，朋友越积越多，数量越来越大，而真正"沉淀"下来的却没有几个。等到真正需要帮助时，把电话簿从头翻到尾，竟然一个可以帮上忙的朋友都找不出来，这就是酒肉朋友的悲哀。

其实，结交酒肉朋友就像超速行驶在高速公路上，而超速行驶的车子遇到一丁点儿的状况都可能会车毁人亡。换言之，友谊需要经营，但不用刻意追求，否则你认定的酒肉朋友因某事达不到你的期望值时，你将会因此而痛苦不堪。所以，切不可以结交酒肉朋友为荣，更不要以之为交友准则。

每个人都希望朋友能够在危难之刻对自己不离不弃，而不是一遇危险便鸟飞兽散。朋友是一个美好的字眼，请不要让酒肉之交玷污了朋友的真谛，那样的人并不是你的朋友，只不过是结伴娱乐的过路人罢了。

8.爱吹牛的人

朋友圈内,什么人都会碰上,这其中也不乏一些爱吹牛说大话的人。也许你对这类人十分反感,觉得他们说话不靠谱,还净说些让人心里不舒服的大话。不喜欢这类人没关系,但你千万别当众指责或批评他们的不是,更别轻易戳破他们的谎言。

殷强和几个哥们儿喝酒,平时打打闹闹惯了,几个人坐一块儿就没了章法。

大家刚痛痛快快地干了一杯,殷强对面的鲁袁大大咧咧地说道:"别看我现在工资不高,但手里已经握着几个大客户了,我可是我们公司的业务员里顶厉害的人,迟早有一天会发达。"

朋友们听了这话,都哈哈笑了起来,谁不知道鲁袁穷得很,什么本事也没有,目前在一家保险公司当业务员,有时候一个月就只能指望那一千左右的底薪。

回回喝酒都听到鲁袁说大话的殷强有点受不了,无奈道:"谁不知道你几斤几两啊?在咱哥儿几个面前还吹嘘。"

鲁袁听了这话很不高兴,借着酒劲不悦道:"谁吹嘘了?上次经理还夸我踏实能干,要请我吃饭呢,他可是很看好我的。"

殷强哈哈笑道:"你就吹,接着吹,咱哥儿几个哪个不比你强?就你一天到晚显摆个没够。行啦!还是好好喝你的酒吧!"

"啪"的一声,对面的鲁袁把酒杯扔到了地上,指着殷强吼道:"你对我有意见？"

殷强一时没反应过来，只见一脸怒气的鲁袁快步走到他面前，一把抓住他的领口，把他摔倒在地上，随之就是一顿猛揍。所幸朋友们反应快，赶紧拉开了鲁袁，但殷强还是受了些伤。此后，鲁袁就和殷强彻底决裂了。

越是爱吹嘘的人，自尊心越强，因为他们吹嘘的目的就是为了抬高自己在众人心中的地位。遇到这样的朋友，没必要跟他们太较真，无论关系亲疏，拆他们的台总是不好的，因为这类人会为了维护自己的尊严而不择手段，得罪他们，难免会给自己惹来麻烦。

比如，你陪领导去应酬，领导在酒席上夸夸其谈自己的功绩，也许身为下属的你不仅感到尴尬和难堪，还要承受那些外人的讥讽或嘲笑，但若当下制止领导，很可能会惹怒他，并因此丢掉饭碗。最好的方法是学会忍耐，不仅要好好听他在别人面前吹嘘，必要的时候还得露出崇拜和羡慕的神色。帮领导在饭局上稳住气场，我们才能更好地在他身边做事。

如果吹牛的是客户，则更要好好听他吹嘘，必要时，还要配合他的大话表现出难以置信和羡慕的神情，若非要说些什么，可以惊讶地表示下"厉害啊""不简单啊"等。我们越是表现得震惊，客户就会越满意高兴，这有助于接下来的谈话。但是那些话也只能听听就好，千万别轻易当真，不能听别人说风就是雨。

一些人说大话就是为了得到大家的认可和尊重，同时也是为了自我安慰。若话语的矛头不是针对我们，就没必要去戳穿他，破坏气氛。

9.擦亮眼睛识别小人

察以其相,可以知人。对于生活经验丰富的人来说,更是如此。清末的曾国藩就是一位鉴别人物的高手。

曾国藩为人威严凝重,眼神凌厉,常能将人盯得大汗淋漓、悚然难持。他对于如何识别鉴人自有心得,并著书成册,也就是著名的《冰鉴》一书。

他有异乎寻常的识人术,尤其擅长通过人的身体语言来判断对方的品质、性格、情绪、经历,并对其前途作出准确的预言。

一天,新来的三位幕僚去拜见曾国藩,见面寒暄之后退出大帐。有人问曾国藩对此三人的看法,曾国藩说:"第一人态度温顺,目光低垂,拘谨有余,小心翼翼,乃一小心谨慎之人,适于做文书工作。第二人能言善辩,目光灵动,但说话时左顾右盼,神色不端,乃属机巧狡诈之辈,不可重用。唯有这第三人,气宇轩昂,声若洪钟,目光凛然,有不可侵犯之气,乃一忠直勇毅的君子,有大将的风度,其将来的成就不可限量。只是其性格过于刚直,有偏激暴躁的倾向,如不注意,可能会在战场上遭到不测的命运。"这第三者便是日后立下赫赫战功的大将罗泽南,后来他果然在一次战争中中弹而亡。

只有了解他人,才能把握对方的人格之高下、品质之优劣、行为之美丑,进而选择或是坦诚相待,或是持有戒心,防患于未然。然而,认知他人并不容易,俗语说:"画虎画皮难画骨,知人知面不知心。"要正确了解、判断一个人,不能只凭一言一行一事的外在表现,还要透过现象看本质,注意他对那些身处逆境或地位低下的人的态度。在具体的人际交往中,会有各种不同的情况出现,具体问题需要具体实践。

在现代快速的生活节奏中,我们不可能天长日久地去考察衡量一个人,我们也很难从对方脸上的表情或者言谈举止来断定其心情和目的。难过的时候,他可能微笑着巧妙掩饰;兴奋的时候,他也可能故作沉思低头不语。因此,他说出来的话、做出来的事不一定出自本意,"人人都戴上了虚伪的面具"。这面具随着年龄的增大,会戴得越来越巧妙,越来越难以被人发觉。久而久之,就会逐渐变为一种社会性的心理思维定势,一种习惯,随之而来的处世圆滑也是成熟的标志之一。想一想自己,不也是如此吗?自己的喜怒哀乐何曾明明白白地表露在他人面前而不加任何掩饰呢?

有些人装出一副道貌岸然、和蔼可亲的面孔,内心却阴暗龌龊。外表上对人极尽夸赞逢迎,暗地里却耍尽手段。而像这种两面三刀者在生活中着实不少,他们采取各种欺骗方法迷惑对方,使其落入陷阱,从而达到自己的目的。唐玄宗时的宰相李林甫,他陷害人时并不是一脸凶相,咄咄逼人,而是吹捧对方,说一些甜言蜜语,暗地里却拿对方开刀。当时世人称李林甫"口有蜜,腹有剑"。在当代,"当面说好话,背后下毒手"者也不少,所以我们一定要认识清楚,提高警觉。

10.知彼知己,百战不殆——随时调整"黑名单"

人是很复杂的,想要了解一个人并不是一件简单的事。但只要我们注意观察,就可以通过他的喜好了解其修养和品德。

物以类聚,人以群分,只有性情相近、脾气相投的人才能走到一起成为朋友。如果对方的朋友都是一些不三不四、不伦不类的人,那他的素质就不会太高;如果他结交的都是些没有道德修养的人,那他自己的修养也不会太好。有的人交朋友以性格、脾气取人,能说到一块儿就是朋友;有的人则以追求取人,有相同的追求就能成为朋友;有的人则因为爱好相同而走到一起……无论如何,只有当二人修养相当、品质差不多时才能成为永久性的朋友。所以,了解了一个人的朋友,也就了解了这个人。

想了解一个人,可以观察他是怎样对待别人的。

如果对方当着你的面说自己如何占了别人的便宜、如何欺骗了对方等,那你就得对他注意一点儿了,他有可能也会这么对待你。

还有一种人比较圆滑,看起来很会处世,实际上却当面一套、背后一套,时常当着你的面夸你而诋毁他人。聪明人得注意这种人,因为他既然会在背后说别人坏话,就有可能也在你背后说你坏话。

而有一种人,他可能会当面批评你,指出你的缺点,并在你面前夸奖别人的优点,你也许不愿接受他这种直率,但这种人却是可信赖的人。

另外,看一个人如何对待家人,也可以分析出这人是否有责任感、是否自私。

你可以通过他是否按时回家、有急事时是否想着通知家人、说起家人时感觉是否很亲切等这些细节看出他对家人的态度。一个不把家人放在心上的人,是不会把朋友放在心上的。这种人心里只装着自己,只关心自己的得失安危,根本就不会想到朋友。所以,交往时要注意尽量不与那些没有家庭观念的人结交。

知彼知己,百战不殆。一般来说,与人交往之前,可运用以下几种方法对其进行具体考量。

(1)以自己的感觉为依据

自己的感觉是最可靠的,所以评价一个人怎么样,不能听信别人,更不能人云亦云。当然,当你所要接近的人声名狼藉时,你必须加倍小心,以免受害。

(2)重在表现,既要听其言,更要观其行

生活中不乏口是心非的人,如果只听其夸夸之谈,显然会被其误导。行动会暴露一个人的本质,只有经过对其具体行动的考量,我们才能够对他作出一个大致的评价。具体考量时,需从以下几个方面入手。

①在关键时刻或者危急时刻了解他,以便看清他的性格、个性以及人品。

②通过他的工作了解他,可以判断出他的工作能力、业务水平和敬业程度。

③通过其他人了解他,可以判断出他在人群中的形象、地位以及前途。

④通过他与别人的人际关系处理得好坏了解他,可以判断出他在处理人际关系方面的能力。

⑤在是非中了解他,可以清楚地了解他的人格。

(3)确立自己个人的分类标准

一般来说,你可以把周围的人按照性格特征来分类,或者按照人品来分类,让他们一一对号入座,你心中就有了一个大致的交往之道。比如老张很踏实,应该多交往;小陈工作散漫,还喜欢说同事的坏话,要跟他保持距离,等等。

(4)长期观察,随时调整

了解一个人,需要长期观察,而不是在见面之初就对他的好坏下结论。太快下结论,会因你个人的好恶而发生偏差,从而影响你们的交往。另外,人为了生存和利益,大部分都会戴着假面具,你所见到的是戴着假面具的"他",而不是真正的"他"。这是一种有意识的行为,这些假面具有可能只为你而戴,扮演你喜欢的角色。如果你据此判断一个人的好坏,并进而决定和他交往的程度,就有可能会吃亏上当。

在初次见面后,不管你和他是"一见如故"还是"话不投机",都要保留一些空间,不要掺杂主观好恶的感情因素,再冷静地观察对方的行为。

第六章

朋友圈的商业金库
——结交使你绽放光芒的人

如果一个人使你黯然失色,他就不是你理想的友伴,去结交那些使你绽放光芒的人吧。无论何时,你都应记住,跟成功的人交往可以孕育成功,跟失败的人交往只能继续失败下去。

你是我最想要的朋友

1.往"比我们高"的人身边站

很多穷人只喜欢走穷亲戚，非常排斥与富人交往，所以圈子里绝大多数只是穷人。久而久之，心态就成了穷人的心态，思维成了穷人的思维，做出来的事也自然是穷人的模式。

于穷人来说，富人最喜欢结交对自己有帮助、能提升自己各种能力的朋友，他们不纯粹放任自己仅以个人喜好交朋友。在他们的眼里，只要是对自己有帮助，而且实力在自己之上的，他们绝对不会放过结交的机会。因为他们明白，只有这样，自己才能从对方身上学到成功的秘密，汲取到更多有利于自己成长的东西。

谢方瑜是一名普通的办公室文员，她出生于一个蓝领家庭，性格比较内向，不怎么喜欢主动结交朋友。经常和她在一起的几个朋友也同她一样，都是一些为了生活而到处奔波的打工者。谢方瑜时常感到郁闷，为什么自己和朋友永远都只能做一个打工者呢？

在谢方瑜的公司里，和她一个部门的田丽丽是一位很优秀的经理助理，而且拥有许多非常赚钱的商业渠道。她成长在富裕的家庭中，而且她的同学和朋友都是学有专长的社会精英。相比之下，谢方瑜与田丽丽的世界根本就是天壤之别，所以在工作业绩上也无法相比。

因为刚来公司不久，谢方瑜不知道该如何与来自不同背景的人打交道，所以没什么人缘。一个偶然的机会，谢方瑜参加了某项职业能力提升培训，这次进修让她知道，原来自己之所以一直这样"默默无名"，与自己所结交的人有很大的关系。

她回家后仔细地分析了一下，自己和那些姐妹们在一起不是抱怨生活，就是抱怨自己的命运有多么的坎坷。那些朋友通常也和她一样，常常为了一点事情就沮丧不已。真正遇到困难时，彼此之间却因为能力有限而帮助不了对方。

从那以后，谢方瑜开始有意识地和田丽丽联系，并且和田丽丽建立了良好的私人关系。私下里，她通过田丽丽认识了许多精英人士，这为她的事业开启了新的篇章。

的确，朋友之间的相互影响有潜移默化的作用。也许你今天胸怀壮志，准备干一番大事业，但是你的朋友却渴望安逸、平静的生活，于是在他的影响下，你的这番心思也渐渐地被淡化，慢慢地，就如同过往尘烟，一吹即散。

也许，很多人会说，如果带着这种"有色眼镜"去看人，未免太过势利。但你要知道，如果你平常只知结交一些一无是处的朋友，他们只会接受你给予的帮忙，而当你处于困境时，对方却因为自身能力有限无法帮助你，这时等待你的结果只能是失败。所谓"近朱者赤，近墨者黑"，如果一个人总是在一些小圈子里面混，那他将很难取得成功。

成功是一个磁场，失败也是。生活环境对一个人树立的理想和取得的成就有着重要的影响。所以，要想"抬高"自己的价值，就必须往"比我们高"的人身边站。

你是我最想要的朋友

2.企业家的"寻贵"精神

与贵人结识,不能靠琼瑶剧中灰姑娘变成白天鹅的幻想。你必须通过自己的努力,去创造与贵人相遇的机会。

谈到"股神"巴菲特,人们总是津津乐道于他独特的眼光、独到的价值理念和不败的投资经历。其实,巴菲特的成功除了得益于他的投资天分,也和他有意识地寻找贵人分不开。巴菲特原本在宾夕法尼亚大学攻读财务和商业管理,在得知两位著名的证券分析师——本杰明·格雷厄姆和戴维·多德任教于哥伦比亚商学院后,他辗转来到哥伦比亚大学,成为了"金融教父"本杰明·格雷厄姆的得意门生。

大学毕业后,为了继续跟随格雷厄姆学习投资,巴菲特愿意不拿报酬,直到将老师的投资精髓学到后,他才出道开办自己的投资公司。

要有主动寻找贵人的智慧,更要具备得贵人相助的才能。想要通往财富之路的你,学学这些巴菲特的"寻贵"精神吧!在接触和寻找的过程中,要遵守以下原则。

(1)放下自卑,主动出击

贵人不会自己走到你身边来,你需要积极主动地去寻找贵人、接近贵人。可能你会想,自己既没有钱,又没有权,才能一般,相貌普通,怎么才能走到贵人身边呢?

放下你的那点自卑,主动去接近贵人吧!没有人会拒绝对自己有好感的人,所以,只要你礼仪周到,不卑不亢,有自己的风格,有独立的人格,贵人就不会拒绝与你结交。要知道,那些贵人比普通人更需要真诚的朋友。他们已经有足够多的谄媚讨好者了,所以,你只要有最起码的尊重和礼貌,有对对方最真诚的认可和崇拜,你们就一定会有不错的交流和交往。

(2)积极参与社交

结交贵人,在自己的人脉网上放几张大牌,有一个重要的前提,就是要认识更多的人。如果我们每天只生活在既定的圈子里,那么你这个圈子里的贵人肯定寥寥无几。只有拓宽交往渠道,积极参与社交活动,扩充人脉网络,你才有更多的机会去认识贵人、结交贵人,进而获得贵人的帮助。

当然,很多人说,面对一些陌生的面孔,心里会很紧张,而且在那种场合往往觉得自己很卑微。在陌生的环境中,不舒适的感觉当然会有,但"一回生,两回熟",打起精神来,度过你的恐惧期,你就能成为新的社交圈里的常客。

3.结交贵人,从他们的身边人入手

每个人都有需要求人办事的时候,但求人办事并不是一件容易的事情,如果没有任何关系,很可能会遭到别人的拒绝。但是,如果能够利用他身边的人为自己进行引荐的话,那就是另一回事了。

你是我最想要的朋友

纽约某大银行的理查斯·华特奉上司指示,秘密对某家公司进行信用调查。正巧华特认识另一家大企业公司的董事长,这位董事长很清楚该公司的行政情形,华特便亲自登门拜访,请求帮助。

他进入董事长室才坐下不久,女秘书便从门口探头对董事长说:"很抱歉,今天我没有新邮票。""我那12岁的儿子正在收集邮票,所以……"董事长不好意思地向华特解释。接着,华特便开门见山地说明了来意,可董事长却故意含糊其辞,一直不愿做正面回答。华特见此情景,只好知趣地离去。离开后,华特突然想起了那位女秘书对董事长说的话:邮票和12岁的儿子。同时,他也想到自己服务的银行国际部每天都有来自世界各地的信件,信封上贴有世界各国的邮票。

于是,第二天下午,华特又去找了那位董事长,告诉他自己是专程来给他儿子送邮票的,董事长热情地接待了他。华特把邮票交给他,他面露微笑,双手接过邮票,就像得到稀世珍宝似的自言自语:"我儿子一定高兴得不得了,它们确实很有价值!"

接下来,董事长和华特谈了40分钟有关集邮的事情,又让华特看了他儿子的照片。后来,没等华特开口,董事长就主动说出了华特想知道的内幕消息,最后还打电话向朋友咨询。华特没想到,区区几十张邮票竟让他圆满地完成了任务。

董事长原本不愿透露的事,却被华特用邮票"套"了出来。可见,世上很少有办不成的事。每个人都有自己关心的人,贵人也不例外,当他们发现别人也在关心着自己所关心的人时,大都会产生亲近感。结交贵人时,可以利用这种共同的心理倾向,拉近彼此的距离。香港首富李嘉诚在生意场上就深谙此道。

第六章 朋友圈的商业金库——结交使你绽放光芒的人

李嘉诚早年推销过白铁桶。当时,有一家刚落成的旅馆正准备开张,这是推销铁桶的大好时机。但李嘉诚却不急于去见老板,而是先与旅馆的一个职员交上了朋友,然后假装漫不经心地从那个职员口中套到了老板的相关情况。那个职员谈到老板有一个儿子,非常喜欢看赛马,老板很疼爱他,想带他去看,但旅馆开张在即,千头万绪,根本抽不出时间陪儿子。于是,李嘉诚让这个职员搭桥,自掏腰包带老板的儿子去跑马地快活谷马场看了场赛马,令老板的儿子喜出望外。李嘉诚的举动使老板十分感动,最终,老板同意从李嘉诚手中买下380只铁桶。

求人办事并不总在熟人间进行,当你所求的对象是陌生人时,贸然前行很可能会无功而返。这时,你可以主动寻找对方身边的人作为突破口。这些人一般比所求之人容易接近,有他们的帮助,你的事情会好办很多。

在接近贵人的身边人时,最好要注意以下几点。

(1)掌握贵人身边人的心理,让他们喜欢你的接近

比如说,老年人见多识广、阅历丰富,精神仓库里储藏有大量感性或理性的"经验产品",一有机会,他们便会滔滔倾诉,希望能影响、感动后辈。事实上,老人长年待在家中,这种倾诉故事、传授经验的机会非常少,因此,老人的生理、心理往往会表现出极大程度的和善。尤其是对年轻人,他们很乐于主动招呼、热情交谈。小孩子天真无邪,若你真诚地以童心相待,带给他们新奇欢乐,孩子会立刻把你当作"快活大王"或"英雄人物"来崇拜、亲近。总而言之,只要你掌握了他们的心理,在交往中注意投其所好,就不难获得他们的支持。

(2)最好能做到通过贵人身边人达到融洽贵人全家的目的

贵人的家人是他生命中重要的组成部分,对贵人的影响也很大。如果你的某种行为和努力能够使贵人的家人更愉快地生活,或者能够解决某

方面的问题,贵人一定会十分感激你,并希望能够对你有所回报,这样你的目的就达到了。

(3)赢得贵人身边人的好评也需要方法和技巧

贵人的身边人当然希望自己的亲人、友人成为重要角色,所以在他们面前,宣扬贵人的成就会唤起他们内心的自豪感。

每个人都希望自己被人重视,所以在贵人"身边人"的面前,提及贵人对他们的重视也是非常重要的,这样做能让他们的自尊心得到极大的满足。而且,你必须适时表达出你与贵人之间的关系,这样他们才更容易记住你,才能在有机会的时候帮你说话。

4.求贵人办事要相互"借光"

作家启斯·法拉利在自己的畅销书《别独自用餐》中探索出了结交贵人之道——别急着问别人能为我们做什么,先问问自己能为别人做什么。能领悟和运用这一点的人,都是无往不胜、所向披靡的办事高手,贵人在他的生命中的作用往往都能发挥得淋漓尽致。

肖剑是个活泼的小伙子,他很喜欢交友。大学毕业后,他找了一份机关单位的工作,正处于试用期。他很佩服那些有能力的同事,而且也希望自己能融入对方的圈子,但当肖剑靠近他们的时候,他们对他似乎并不太热情。

起初,肖剑感到很困惑,同事之间不是应该相互帮助吗?有一次,他偶

第六章 朋友圈的商业金库——结交使你绽放光芒的人

然间听到同事在背后议论他:"肖剑对我那么好,估计是想从我这里学到一些东西,关键是他什么都不会啊,对我没任何帮助,帮他还不如帮老刘处长的外甥呢!""就是!"另一个同事随声附和道。

同事所说的"老刘处长的外甥"是肖剑的同学,毕业后一起进入了这家单位。单位只需要一个名额,而这两个年轻人都还处于试用期,试用期过后决定留下哪一个。

肖剑听到这些对话后,非常生气,他气愤那些同事都是些势利的小人。不过,他也意识到,同事并不亏欠自己,没有理由"应该"帮助自己,有些人之所以对自己不感兴趣,是因为自己还不具备让人感兴趣的能力与条件。

于是,肖剑在工作中非常努力,还利用假期参加职业进修班提高自己的职业技能。在接下来的工作中,他不断创造业绩,很快就得到了领导的器重。以前对他不感兴趣的同事也渐渐地开始对他表示好感,甚至还有一些老同事要给他做媒。

试用期结束后,肖剑被留了下来,而那个老刘处长的外甥则被淘汰了。

时刻增加自己可被利用的价值,听起来很残酷,但这就是现实。想一想,你的朋友为什么喜欢跟你在一起?也就是说,你给你的朋友提供了什么需求?你用什么来交换朋友给你带来的"好处"?

比如说,在他困难的时候,你帮过他;他有钱投资,你有才智创作,所以你们合作成功;你关心他的生活,在他需要你的时候,你能站在他的一边;他孤独失落的时候,你不会离开他,不会让他感到孤单。

总之一句话,求贵人办事要学会相互"借光"。在希望得到贵人帮助的时候,先问自己一句:"我能为他做些什么?"先帮贵人一个忙,事情就会好办很多,这就是中国人常说的"吃人的嘴软"。一旦接受了别人的好处,占了别人的便宜,再想拒绝别人的请求,就不那么好意思开口了。

总的来说,"帮贵人一个忙"的策略就是"欲求先予"。对欲取得的目标隐藏不露,且在未露之前投其所好,让对方先尝到甜头,待对方高兴了,再顺势把自己欲取的目标提出来,这样才能事半功倍。

记住,没有人对你的付出是理所当然的,你所得到的东西必然是你所付出的东西交换而来的。基于这种交往的互惠原则,你在人际交往中必须注意,要让别人觉得与你的交往是值得的,让他先看到你对于他的用处,如此,你才能在以后从他身上得到更多。

5.善于向别人传递你的"可利用价值"

这是一个"圈子时代",圈外的人想进去,圈内的人不想出来。各式的圈子人以群分,小人物与大人物更多时候只是两条互不打扰的平行线,偶尔相交,还得看你交际能力的强弱。

衡量一个人人际交往能力强不强,看他的交际圈就知道了。如果他交际甚广,在不同层面、不同行业都有关系不错的朋友,且年龄横跨60后、70后、80后,那就说明他的人际交往能力超强;反之,如果朋友"大都局限在业内,死党无非就是那些同学加同事外加同行",则说明其朋友圈比较单一,社交范围也相对较窄。

此外,你交往的朋友还能从侧面反映出你的身价和人际交往能力。如果一个人身边的朋友大都优秀出色,比他强的大有人在,则证明他的实力和人际交往能力不错;如果身边的朋友混得不如他,则说明他可能存在"选择性交往"的心理倾向,即习惯选择自己的交往舒适区——选择和与自己水平相仿或实力较弱的人交往,对强者(大人物)存在心理畏惧和敬而远之的心态,这往往也是小人物的交往心理。

在如今这个商业社会,任何一个职业人都无法独善其身,是否善于和比自己强或不喜欢的人交往,善于在不喜欢的环境中交际,是衡量一个人社交成熟度的标志。

(1)发掘你的独特价值

俞敏洪曾说:"很少人能和与自己地位相差太远的人建立真正的人脉关系。"不过没必要太悲观,小人物与大人物的交往,就算不是真正的朋友关系,能达成商业合作关系也是双赢的开始,前提是小人物能为大人物提供独特的价值。

这里的"价值",换个更贴切的说法就是"被利用价值",你越有用,就越容易建立起坚强的人脉关系。如同建立个人品牌一样,与其匆忙花费精力漫无目的地认识朋友,不如事先确定好自己的价值定位,然后针对目标顾客有针对性地传播。

任何一个小人物都有自己的独特价值。"我的优势在哪里?我有哪些独特价值?"这都是与大人物打交道的敲门砖。

(2)巧妙传递你的价值

在人际交往中,要善于向别人传递你的"可利用价值",从而促成交往机会,彼此更深入地了解对方。无论是网络,还是日常交往,大多数人在几秒钟或1分钟之内就能判断出和你交往是否有价值,甚至决定是否要与你交往。

在与大人物打交道的过程中,只要保持平常心,尊重自己的价值,并巧妙传递,总有一天,你会找到彼此的交集。

(3)成为人脉关系的Google搜索引擎。

如果你只是接受或发出信息的一个终点,那么人脉关系产生的价值就是有限的;但是,如果你能成为人脉中的搜索引擎,那么,别的朋友甚至是大人物就会很乐意与你交往,你也能促成更多的机会,从而巩固和扩展自己的人脉关系。从此,大人物不再遥不可及。

6.运用策略向上司提供信息

大凡有见识的下属都知道向领导"灌输思想"的重要性。领导一旦接受了你的某种观点,你的种种想法便能得以实现,这时,你有可能已经成为领导不可或缺的左膀右臂,从而发挥着巨大的甚至是无可替代的影响力。

西方葡萄酒业巨头——卡尔森公司前行政副总经理罗伯特·加里说:"我发现,下级使自己受到重用和被赏识的最好办法是挖掘信息,即那些与正在被考虑的建议有关的资料和事实,以及对上司欣赏的观点表示出兴趣和赞赏,还有就是要提出新的方案。"他补充说,"没有什么比有助于上司做出更好决策的信息更令人欣赏的了。"

你提供的信息只有尽可能地客观才会有用,但这并不意味着信息来源只能局限在计算机的打印结果和其他种类的数字数据上,从报纸和商业杂志中切下来的数据当然也包括在内,甚至是在小饭店中听到的轶事和闲谈,有时对你上司来说也是有价值的。

你提供的信息应该是全面的,这并不是说必须包含每一个细节,而是要包括或考虑到有关问题的所有方面,否则就难以准确地把握问题的实质,甚至有可能导致错误的行为。如果你缺少一些重要的数据,但又感到应该提供你已经掌握的数据,这时,你应该告诉上司你还缺少什么信息

第六章 朋友圈的商业金库——结交使你绽放光芒的人

和你正在采取什么步骤来获得它们。

正如加里所指出的那样,信息为提建议提供了最好的基础。事实上,信息经常能代替建议。让上司做一件事情的最好途径是向他提供足够的正确的信息,这种信息可能会很好地引导他给自己提出建议。不要担心这种方法会失去在你自己建议的情况下可能会受到的称赞,如果有什么区别,那就是他很可能会因此更加赏识你,因为,他成了一个自己能做决策的上司,而你又证实了他对自己的认可。

在整个第二次世界大战期间,斯大林在军事上最倚重的人有两个,一个是军事天才朱可夫,另一个则是苏军大本营的总参谋长华西里也夫斯基。

众所周知,斯大林在晚年逐渐变得独裁,"唯我独尊"的个性使他不能允许世界上有人比他更高明,更难以接受下属的不同意见。在第二次世界大战期间,斯大林的这种过分的"自我尊严"感使苏联军队大吃苦头,遭到了本可避免的巨大损失和重创,一度提出正确建议的朱可夫也被斯大林一怒之下赶出了大本营。在这种情况下,华西里也夫斯基却能使斯大林在不知不觉中采纳他正确的作战计划。

华西里也夫斯基的进言妙招之一便是潜移默化地在休息中施加影响。在斯大林的办公室里,华西里也夫斯基喜欢同斯大林谈天说地,且常常会"不经意"地"顺便"说说军事问题,既非郑重其事地大谈特谈,讲的内容也不是头头是道。但奇妙的是,等华西里也夫斯基走后,斯大林往往会想到一个好计划。过不了多久,斯大林就会在军事会议上宣布这一计划。于是,大家纷纷称赞斯大林的深谋远虑。

正是在这些闲聊中,华西里也夫斯基用自己的思想启发了斯大林,以致斯大林本人也认为这些好主意是他自己想出来的。但不管怎样,从效果上看,华西里也夫斯基达到了他的目的,他的建议被斯大林所采纳,他也成为斯大林最为倚重的人之一。

当然,有些问题是应该由上司来处理的。事实上,如果这些问题不让他来处理,他会很恼火。当然,也有些问题在你的职责范围之内,而你又非常希望得到他的帮助。当你真的要向上司提出这种问题时,你最好向他征求建议,而不要恳求解决方法。

与其说"××公司不愿付最后一笔贷款",然后等他说应该怎么办,还不如说"我没有办法让××公司支付最后一笔贷款,如果您有什么建议的话,我将十分感谢"。这种方法能诱使上司做出积极的反应,因为你不是要他承担责任,只是想获得他的知识和专长。但是,这种方法也有其局限性——如果你连续不断地向上司提出建议,他很快就会感到厌倦,并进而对你感到不耐烦。

所以,如果问题确实是你自己的,最好的办法是将它留给自己,靠自己的能力去解决它。

7.尊重每一个与你业务有关的人

在你为了业务奔波忙碌时,必然会遇见许多与你的业务有关的人。这些人,也许你只知道他的姓名,或者连姓名都不知道,你跟他见面时,也不过说两三句有关业务的话,甚至有时只是跟他点一点头。

例如,你经常到某大厦去接洽事务,所以经常会见到那个大厦的前台接待;或是你到货仓去提货,经常遇见那个货仓的守门人;又或是你经常到某银行存款,常会遇见那个柜台后面的出纳员。诸如此类的人员,你不知他姓甚名谁,何方人氏,但他们或多或少都与你的业务有点关系。你怎样对待这些人呢？你用什么态度和他们打招呼？这是一个很微妙也很实际的问题。

你对他们毫不理会,还是神气活现、大摆架子？又或者你对他们谦恭有礼、和蔼亲切,把他们当作你的朋友？

如果你对他们的态度不好,就会到处碰到不方便。但是,如果你把他们当作朋友看待,给予他们适当的尊敬与关怀,他们就会对你产生好感,从而在办事时兼顾到你的方便。前台接待会为你多打几次电话,货仓的守门人会替你找搬运工友,银行、保险公司、邮局、物业公司等的职员们也会在你需要的时候给你或大或小的方便。

对于这些业务上的朋友,除了保持礼貌、亲切的态度之外,还应该在业务上尽量帮助他们。业务上总是有来有往的,别人既然给了我们许多方便,我们也应该给别人许多方便,不让别人吃亏,让大家在互助互利的友谊气氛中把事情办妥。

对于关系比较密切的业务上的朋友,除了业务上的接触之外,我们还应多安排一些私人间的接触,使双方在业余时间可以轻松自在地谈笑,说不定在谈笑之间又可以解决许多业务上的问题。但这些业务上的朋友终究跟我们的私人朋友有所不同。固然有许多业务上的朋友后来发展成了我们的至交,但社会复杂,对于这类朋友,我们更应跟他们在业务上保持联系,最好不要涉及其他。

8.高度重视礼节的重要性

人是有感情的高级动物,你怎么对待别人,别人就会怎么回敬你。想要人与人之间相处和谐融洽,最好的方法就是讲究礼节。礼节代表了尊敬、尊重、亲切、体谅等意义,同时也体现了一个人的修养。

中国人的民族性比较含蓄,因此,特别讲究礼节。但有些人以为只有对长辈、上司,或想讨好对方时才需要讲礼节,对晚辈或与自己没有利害关系的人,则可马虎应对。甚至还有人认为,礼貌只是社交上的一种手段,没有其他价值。如果以这些态度来评断礼节,岂不是使人际关系变成了银货两讫的交易关系,和做生意又有什么两样?

现代心理学家指出:"自尊是维持心理平衡的要素。"可见,每个人要维持心理的平衡和健康,都要活得"理直气壮",也就是要处处受人尊重,才能进一步肯定自己存在的价值。所以,尊重、体谅等礼节,绝不是规章条文,也不是虚假问候,而是发自内心的最基本也是最真诚的行为。

俗话说:"先学礼而后问世。"学些什么礼呢?彬彬有礼的态度又是怎样的呢?没有人生下来就懂礼,是家庭、学校、社会逐渐教会我们成为一个具有礼节风度的人。但是,一个人每做一件事,如果都有一套刻板的礼仪束手束脚,岂不烦琐极了?事实并不尽然。许多礼仪是日常生活中的一部分,习惯成自然,所以我们早已感觉不到它的约束。另外,关于人情往来、社交活动等较特殊的礼节,只要基于尊重、体谅别人的心情,就不难做到了。

所以，礼绝不能也绝不是只讲求形式。要保持彬彬有礼的态度，一定要从对别人的关心出发。在现实生活中，随时随地贯彻关心朋友、关爱朋友的精神，在社交场合中，自然也就能以平实有礼的态度与人交往和沟通。学习礼节虽不是一件难事，但要做到时时保持彬彬有礼的态度并不容易，因为礼节并不只是"鞠躬如也"就可涵盖的，它在某种程度上反映了个人的修养道德。有人说："要学习礼节，最好是从公共场合待人接物做起。"这话非常恰当，只要平常多留心人们交往时的各种行为，就不难学习到许多待人接物的说法。

如果能身体力行，适当地做到"礼多"，则必然"人不怪"而大受欢迎。所以，彬彬有礼的风度不但能成为你最高贵的"饰物"，还能赐给你最佳的人缘。

9.热情可以最大限度地打动别人

热情可以激发你的最大潜能。查尔斯曾说："一个人，当他有无限热情时，就可以成就任何事情。"当你被欲望控制时，你是渺小的；当你被热情激发时，你是伟大的。托尔斯泰也曾说过："一个人若是没有热忱，他将一事无成。"在人与人交往中也是这样，热情是人与人之间的黏合剂。

绝大多数人都喜欢和热情的人交流，因为在不熟悉的情况下，大家都害怕被拒绝。这时，如果你能拿出热情，面带微笑，别人会很乐意同你亲近。

你是我最想要的朋友

(1)要让别人看到你的主动,感受到你的温暖,这有助于你赢得对方的信任。

一位推销员讲述了一个自己的故事:

那是1999年的一天,一对老夫妇来到柜台前,我马上上前打招呼:"您好。"老夫妇俩说想购买一台电热水器,不知该购买进口的还是国产的。我细细揣摩用户的心理,问他们想选多大容积的,他们说不清楚。我向他们推荐了一款康泉热水器,他们问康泉热水器是哪生产的,我告诉他们是浙江生产的。他们听后有些犹豫,我便耐心细致地介绍康泉热水器是国内最早生产热水器的厂家,又是专业生产厂家,与其他品牌热水器的不同在于它是双管两端加热,它的内胆是不锈钢加全瓷,还有磁化器装置等。经过我耐心细致的介绍,夫妇俩对康泉热水器有了好感,可当时并没有购买,而是说再转一转。没过几天,夫妇俩又来到了柜台前,我又细致地介绍了一遍,夫妇俩特别满意地说:"不用再介绍了,我们到过其他商场,他们介绍得可没有你这样详细热情,所以还是到你这里来买了,我还要去向别人推荐,让他们也到你这里来购买。"

毋庸置疑,这个销售员是成功的。他的主动热情打动了顾客,同样的产品,这对夫妇却更愿意来买他的,因为这位推销员的热情让他们觉得他更值得信赖。这就是一个成功的交流,试想,如果顾客问一句你答一句,那会是什么样子呢?

其实热情很简单,一个善意的眼神、一个美丽的微笑都能让人感到温暖。当别人需要帮助的时候,你主动帮忙;当过道狭窄时,你微笑让道;当看见心仪的对象时,你主动上前搭话,等等,这些都是热情的表现。

第六章 朋友圈的商业金库——结交使你绽放光芒的人

其次，人与人的交往是双方的、互动的，主动向别人介绍自己更容易得到大家的响应。

在某次博物馆的单身者郊游活动中，37岁的旅行社代理人贝丝看上了其中一位团友尼尔，一位35岁的英俊飞机师。贝丝决定依赖恋爱类型的接触技巧来安排第一次相遇。

她一面享受着在博物馆的时光，同时不忘在尼尔每次经过她时给他一个短促的眼神交流。当尼尔第三次经过她身旁时，贝丝决定采取行动。尼尔一动不动地专注于一幅毕加索的画作，这时贝丝匆匆地走过他身旁并且回头轻声地说："我觉得毕加索这部作品比其他的都好。"不等待他有任何回应，贝丝便继续走向另一个展览厅。

"抱歉，请问你是艺术学系的学生吗？"尼尔紧张地问道，一面尝试阻止她离去。他其实一整天都在观察贝丝，他被这位神秘的女士吸引住了。"如果我遇到一位好老师，我想我会。"贝丝带着淘气的笑容回答。令人惊喜的是，当贝丝和尼尔一起共度下午剩余的时间时，她发现他竟然是一个很好的老师。他带领她欣赏艺术作品，之后，他们又一起共进晚餐，度过了一段美好的时光。

(2)熟悉能增加人际吸引的程度。

如果其他条件大致相当，人们会更喜欢与自己邻近的人交往。处于物理空间距离较近的人，见面机会较多，容易熟悉，产生吸引力，彼此的心理空间也就容易接近。我们常说"远亲不如近邻"，是因为我们和邻居接触多，而与相隔较远的亲戚接触少。接触多的人，我们会有一种亲密感；而接触少的人，则会感觉生疏。

所以，生活中经常出现一些"近水楼台先得月"的事情。这个现象，在心理学上被叫作"邻里效应"。

20世纪50年代，美国社会心理学家对麻省理工学院17栋已婚学生的住宅楼进行了调查。这是些二层楼房，每层有5个单元住房。住户住到哪一个单元，纯属偶然，哪个单元的老住户搬走了，新住户就搬进去，因此具有随机性。调查时，所有住户的主人都被问到：在这个居住区中，和你经常打交道的最亲近的邻居是谁？统计结果表明，居住距离越近的人，交往次数越多，关系越亲密。在同一层楼中，和隔壁的邻居交往的概率是41%，和隔一户的邻居交往的概率是22%，和隔三户的邻居交往的概率只有10%。多隔几户，实际上距离增加不了多少，但亲密程度却有很大不同。

可见，与人交往得越多，你们的关系就越亲密。因此，有个心理学家开过这样一个玩笑："如果你想追一个女孩子，千万不要每天都给她写信，因为她有可能因此而爱上邮差。"

因此，要想与人建立亲密关系，我们就需要主动与人多接触、多联系。每与人多接触一次，他人对你的印象就会更深一点。

对于现在的很多年轻人来说，他们或许懂得这个道理，却不知道如何主动跟人联系，如何主动与人保持联系。也有很多年轻人委屈地说："我不是不友善，我只是太害羞了！"或"我很好相处，只是不好意思找你！""害羞""不好意思"等都是我们与别人沟通的心理障碍，所以一定要把它除去。

无论是与邻居间，还是朋友间、客户间，平时的联系都非常重要。建立"关系"最基本的原则就是：不要与别人失去联络，不要等到有麻烦时才想到别人。"关系"就像一把刀，常常磨才不会生锈。若半年以上不联系，彼此就会变得生疏。所以，主动联系十分重要。试着经常打电话，有空的时候发一个电子邮件，休闲的时候发一则问候的短信，或者联上QQ（即时通信软件）聊上几句都是简单有效的方法。

第七章

维护朋友圈的原则
——得道多助,失道寡助

古今中外,一切真正的成功者,在道德上大都达到了很高的水平。现实中的大量事实说明,很多人的失败,不是能力的失败,而是做人的失败、道德的失败。

你是我最想要的朋友

1.不仅要诚于推功,还要勇于揽过

卡耐基曾说:"事无巨细都要自己亲自插手,并把一切名誉统统归于自己的人,是不会成就什么伟大事业的。"

因为,在交际过程中,"有难同当、有功独拿"是处理问题的大忌。把功劳归于别人,不仅能体现出你的风度,还能在无形之中增加你的个人魅力,为自己赢得一些支持或赞扬。所以,洛克菲勒有一次在立法委员会作证时,就把个人成功的原因归给了别人。

米切尔是《生命》周刊的创立人和发行人。一次,马森谈起这位领袖时说:"他毫无虚荣心。他的鼓励让公司上下都能感觉到自身的重要性,而他总是在幕后指挥着一切。"结果,在米切尔去世之后,公司上下都认为这家刊物能继续办下去。在他在世时,人们都没有感觉到,实际上,是他一人独立支撑着刊物的运作。

"我还记得,一次,他对我们的一个广告员说,不仅广告部十分重要,就连这名广告员也是肩担重任的。后来,我表达了自己不同的看法,我认为,如果编辑目标不固定,广告就几乎为零。米切尔却说,从广告员的角度来说,他确实是十分伟大的,我们应该让他有一种骄傲的感觉。"

米切尔的做法让每位员工都对企业有归属感和认同感,更加渴望为它作出贡献,他们也进而自动自觉地做好每一件事,并主动承担起自身

第七章 维护朋友圈的原则——得道多助，失道寡助

相应的责任。在此基础上，企业才会健康有序地运作，个人也会获得更大的发展空间。

但总有一些人无法做到如此"淡泊名利"，有时甚至会因为名利的诱惑而做出牺牲下属利益的事情。

著名的圣路易斯城执行官威尔金森曾对斯图尔特说："现在，我想起了以前的一位执行官，他总能在与我相关的店里开理事会时提出一些新意见。对这些意见，他十分自负，还会为了我能采纳这些意见而不懈地努力奋斗。因为这些意见多数都很中肯实用，所以我们也采用了许多。于是，他就到处制造舆论，好像所有的功劳都是他自己的。"

"可是，随后我就发现，其实，这些意见几乎都是他从下属那里得来的，而他从未向他的下属表达过什么。在知道事情的真相后，很多下属十分愤怒。本来他管辖的部门的纪律是很好的，就是因为这件事，那个部门被弄得一团糟。"

"相反，如果这个执行官对我们说：'昨天，比尔·琼斯提出了一个建议，我觉得特别好。现在，我就向大家汇报一下，请大会审议。我的下属能为公司发展提出这么好的建议，我为此而感到骄傲，能有这样的下属是我莫大的荣幸。'这样就能做到皆大欢喜。"

这位执行官过于"自我膨胀"，最终导致了自己的失败。而真正的大人物未必要时时追逐名利，他应该尽可能地让他人有赢得名利的机会，至少应与他共享这种荣誉，这是他赢得部下的支持与拥戴的最佳策略。

一位高明的领导，不但会与部下一起分享荣誉，有时还会故意把本属于自己的那份功劳推让给部下。对方必定会将此恩牢记在心，平时或许没什么，但出现问题时即可发挥作用，甚至会有意想不到的效果。如果

你是我最想要的朋友

每个人都可以保持这种态度,相信大家所得到的喜悦是不可限量的。

当然,除了要舍得推功,还要勇于揽过。人生难免遭遇别人的过错,在适当的时候将过错归于自己能为自己赢得人心,如此,当你有求于别人的时候也会很顺利地得到帮助。

周襄王二十五年,秦穆公不听蹇叔、百里奚等人的苦劝,趁晋文公病逝、晋国无暇他顾之机,派孟明视、西乞术、白乙丙等人出兵伐郑,结果在崤山遭到伏击,全军覆没,三将被擒。多亏文嬴巧使计谋,才保住了三将性命。

孟明视等人逃回国内的消息一传出,立刻有人来见秦穆公,对他说:"孟明视、西乞术和白乙丙身为秦将,丧师辱国,罪在不赦。"

还有人说:"他们三个统率秦国子弟出关,现在只有他们三人生还,其余全部抛尸崤山,实在可恶,应杀之以谢国人。"

更有人提醒说:"当年城濮之役,楚军战败,楚君杀元帅成得臣以儆三军,君主你应当效法此举。"一时议论纷纷,众口不一。

秦穆公听了,对众臣说:"这次出兵是我不听蹇叔、百里奚的劝告,导致失败,所有罪责都由我一个人引起,同其他人毫无关系。"

秦穆公知道,孟明视等人乃秦国不可多得的勇将,目前秦晋争霸中原的序幕才刚刚拉开,正是用人之际,此时杀将对自己有百害而无一利。况且晋襄公放回三将,显然是要借刀杀人,如此既能除掉仇人,又能获得秦国的好感。胜败乃兵家常事,凭他们三人的本事,总有一天能报此仇。

于是,秦穆公不顾众人反对,全身白衣,亲自到郊外迎接孟明视、西乞术和白乙丙。见面后哭着向他们表示安慰,并对死去的将士表示悼念。孟明视等人非常感激,发誓要效命秦穆公,报仇雪恨。

不久,秦穆公又任命孟明视、西乞术和白乙丙三人为将,统帅军队。三人后来感激秦穆公宽容大量,忠心报国,辅佐秦穆公整顿战备,加强军队训练,提高军队战斗力,终于在四年之后打败了晋军。

秦穆公代将受过的举措有一石三鸟之功效:其一,勇于承担责任,不推过于人,体现了自己的担当;其二,允许别人犯错误,给人以改正错误的机会,表现了自己的宽容;其三,笼络了人心,提高了自己的威望,使下属更加忠于自己。

想要在与人合作的时候得到别人的支持或者帮助,就要懂得为别人着想,甚至必要时要勇于承担共同犯下的错误。这样不但能体现出你的人格魅力,也为你们今后的合作赢得了很好的契机。

将功劳归于他人,将过错留给自己,哪个人会不喜欢同他合作呢?

2.永远让对方感觉到他的重要性

有个心理学家曾经说过,"每个人的心里都有一个无意识的标签,就是希望别人尊重自己,感受到自己的重要性。"如果在有求于人或者与人沟通的时候懂得在无形之间让对方感受到自己的重要性,那么,对方就会觉得自己受到了尊重,这样,谈起事情来就会顺利很多。

第一次世界大战战况十分惨烈,美国政府迫切需要看到和平的曙光,威尔逊决心为此而努力。他准备派遣一位私人代表作为和平特使,与欧洲军方进行协商、合作。国务卿勃莱恩一贯主张和平,而且他知道这是名

你是我最想要的朋友

垂青史的最好机会,所以他非常希望自己能被威尔逊选中。但威尔逊最终委派了他的好朋友赫斯上校。赫斯上校当然感到万分荣幸,但将这一消息告知勃莱恩又不触及他的自尊,却是一件十分棘手的事。

"当听说我要去欧洲做和平特使时,勃莱恩显然十分失望,他说他曾打算做这份工作。"赫斯上校在日记中这样写道,"我回答说,总统认为其他人正式地去做这件事不大适宜,而派你去,则目标太大,容易引起注意,会有太多猜疑,为什么国务卿要到那里去?"

从赫斯上校的话中,我们可以听出一些弦外之音,他等于是在告诉勃莱恩,他太重要了,不适宜亲自去做这一工作。就是这么简单的一句话,使勃莱恩的虚荣心获得了满足。赫斯上校十分精明,他在处理这一事件的过程中遵守了人际关系中的一个重要准则:满足他人的虚荣心,永远使对方觉得自己很重要。

在社会交往中,获得尊重既是一个人名誉地位的显示,也是对他的品行、学识、才华的认可。无论是年长者还是年轻者、位尊者还是位卑者,每个人都期望别人能尊重自己。

拿破仑称帝时,他是如何安抚那些为他出生入死的将士的呢?据说,他一共颁发了1500枚徽章给他的将士,赐封他的18位将军为"法国大将",称他的部队为"王牌军"。有人批评这是拿破仑给老练精兵的一些"玩物",而拿破仑回答说:"人们本来就是被玩物所左右。"

心理学家马斯洛认为,每个人都希望自己的能力和成就能得到社会的承认,这就是尊重的需要。它又可分为内部尊重和外部尊重。内部尊重是指一个人希望在各种不同情境中有实力、能胜任、充满信心、能独立自主。其实,内部尊重就是人的自尊。外部尊重则是指一个人希望有地位、

第七章 维护朋友圈的原则——得道多助，失道寡助

有威信，受到别人的尊重、信赖和高度评价。所以，当你让对方感觉到他非常重要，给了他充分的尊重后，他会感觉很舒适，从而更容易就接纳你，帮助你实现你的目标。

在大选来临之前，英国政治家玛格丽特·撒切尔夫人所在的保守党面临着一个难题——如何制止颓势？撒切尔夫人的解决办法是令人信服的，她说："我们只有一个办法，走出去，到选民中去。这样才能取得最终的获胜。"

保守党的工作人员认为，和撒切尔夫人在一起搞竞选实在太累了，因为她总是在大街上东奔西跑、走家串户。一会儿在这家坐会儿，同房东交谈；一会儿又同那个握握手，或向坐着扶手椅的人问长问短；一会儿又到商店询问价格。大部分时间，她带着秘书黛安娜跑来跑去。午饭时，她们就到小酒店和新闻发言人罗伊·兰斯顿以及委员会的其他成员一起喝啤酒。然后，她又去参加集会演说，接见更多人。这样，撒切尔夫人身体力行地赢得了越来越多的拥护者，为竞选成功打下了坚实的群众基础。

撒切尔夫人之所以能在大选中获得最终的胜利，就是因为她敏锐地捕捉到了尊重他人的重要性，尤其是对选举至关重要又曾被人忽视的普通选民。撒切尔夫人对他人发自内心的尊重，为她赢得了民众的善意和支持。

因此，在交际过程中，我们必须时刻提醒自己：永远让对方感觉到他的重要性，这样他才会助你实现目标。

你是我最想要的朋友

3.什么都可以牺牲，唯有信誉不能

信用是一笔无形的资产，可以为企业带来财富。从某种意义上说，以信用为基础的合作比以资金为基础的合作更为高级，更为持久，更为深入，也更为有效益。

台湾的首富王永庆9岁丧父，16岁的时候在台湾南部嘉义县开了他人生第一家米店。王永庆的小店开张后没有多少生意，隔壁的日本米店更具竞争优势，而城里的其他米店又拴住了别的顾客。

为了打开局面，王永庆决定依靠降价销售来吸引顾客。可是当他把米价调到每斗比别人便宜一两块时，他的小店还是没有生意。只有一个人在他那里买米，这个人是他父亲以前的朋友。他对王永庆说："我之所以买你的米，不是因为你的价钱比别人便宜，而是因为我相信你父亲的为人。"

父亲朋友的话让王永庆意识到，顾客买东西更在乎店主为人，而不是价格。当时的大米加工技术比较落后，出售的大米常常掺杂着米糠、沙粒和小石头，买卖双方对此都是见怪不怪。可是王永庆却把他店里卖的所有米中的米糠、沙粒和小石头挑得干干净净，每天他都要挑到凌晨一两点钟。这在当地引起了不小的轰动，一来二往，他的米店就成了当地生意最红火的米店。

如果你是个有诚信的人，同事和上司就会更加相信你。不论在什么情

第七章 维护朋友圈的原则——得道多助，失道寡助

况下，他们都知道你不会掩饰、不会推托，也不会为自己的行为辩解，他们了解你说的是实话。而诚信也会使人更容易获得成功。

美国知名的房地产经营家乔治以诚实守信著称，大家都亲切地称他"房地产大王"。乔治常对人述说他早期的一个故事。

当时，他在伊利诺伊州担任房地产业务人员。有一栋房子由他经手出售，屋主曾经告诉他："这栋房子整个骨架都很好，只是屋顶太老，该翻修了。"

乔治第一天带去看房子的顾客是一对年轻夫妇。他们说准备买房子的钱有限，很怕超支，所以想找一栋不需大修的房子。看了之后，他们就喜欢上了这栋房子，想要马上搬进来住。这时，乔治对他们说："这栋房子需要花7000美元重新整修屋顶。"

乔治知道，说出这栋房子屋顶的真相，这笔生意可能会因此做不成。果然，这对夫妇一听到修屋顶要花这么多钱，就不愿买了。一个星期之后，乔治得知他们去找另外一家房地产交易所，花较少的钱买了一栋类似的房子。

乔治的老板听说这笔生意被别人抢走了，非常生气。乔治向他解释了缘由，但老板对这个解释并不满意，更不高兴乔治替那一对夫妇的经济条件操心。

"他们并没有问你屋顶的情况！"他咆哮着说，"你没有责任说出屋顶要修的事实，主动说这个情况是愚蠢的！你没有权利说，结果搞坏了事！"说完，老板便把乔治解雇了。

假如乔治不能正确认识这件事，他当时也许会想："我把实话告诉了那对夫妇，真是做了傻事，我为什么要为别人操心呢？我再也不要那样多嘴了。"

但是，乔治希望做个诚实的人——他受到的教育就是要他说实话。

147

你是我最想要的朋友

他的父亲总是对他说:"你同别人一握手,讲的话就得算数。如果你想长期做生意,就要讲公道。"乔治最关心的是他的信用,而不是钱。他当时虽然想要把那栋房子卖掉,但绝不肯因此而损失自己的人格。即使丢掉了职业,他仍然坚信自己唯一的做事准则——把所有的真相统统说出来。

后来,乔治向他帮过忙的一位亲戚借了些钱,搬到了加利福尼亚州,在那里开了一家小小的房地产交易所。过了几年,他以做生意公道和说老实话出了名。这样做虽使他丢了不少生意,但也为他赢得了顾客的信赖。最后,凭借自己的好名声,乔治的生意越来越兴隆,在全国各地都设置了营业处。

人的一生有许多财富,信用是其中很重要的一项。在古代,信用是社会人际关系的精神纽带,也是人际关系的最高原则;在今天,信用所能创造的财富价值被进一步放大,信用带来的不仅是道德财富,更有"真金白银"。

信用建设需要一个过程,这个过程虽然缓慢,但带来的收益却是巨大的,但想要破坏它却非常容易。所以,一定要珍惜这个财富,珍惜这个过程。

4.雪中送炭胜过锦上添花

人的一生不可能总是一帆风顺,难免会碰到失利受挫或面临困境的情况,这时候最需要的就是别人的帮助,这种雪中送炭般的帮助会让人

第七章 维护朋友圈的原则——得道多助，失道寡助

记忆一生。

在三国争霸之前，周瑜并不得意。他曾在军阀袁术部下为官，任命小小的居巢长。

当时，地方上发生了饥荒，年成既坏，兵乱间又损失很多，粮食问题变得日渐严峻起来。居巢的百姓没有粮食吃，只能吃树皮、草根，很多人被活活饿死，军队也饿得失去了战斗力。周瑜作为地方的父母官，看到这悲惨情形急得心慌意乱，却不知如何是好。

这时，有人向他献计，说附近有个乐善好施的财主叫鲁肃，他家素来富裕，想必一定囤积了不少粮食，不如去向他借。于是，周瑜带上人马登门拜访鲁肃。寒暄完毕，周瑜就开门见山地说："不瞒老兄，小弟此次造访，是想借点粮食。"

鲁肃一看周瑜丰神俊朗，显而易见是个才子，日后必成大器，顿时生出了爱才之心。他根本不在乎周瑜现在只是个小小的居巢长，哈哈大笑说："此等区区小事，我答应就是。"

鲁肃亲自带着周瑜去查看粮仓，这时鲁家存有两仓粮食，各三千斛，鲁肃痛快地说："也别提什么借不借的，我把其中一仓送与你好了。"周瑜及其手下一听他如此慷慨大方，都愣住了。要知道，在如此饥荒之年，粮食就是生命！周瑜被鲁肃的言行深深感动，两人当下就结成了朋友。

后来，周瑜受到孙权重用，当上了将军。他牢记鲁肃的恩德，将他推荐给了孙权，鲁肃终于得到了干一番事业的机会。

鲁肃在周瑜最需要粮食的时候送给了他一仓，这就是所谓的雪中送炭。

在生活中，很多人总是在别人不是很需要的时候拉他一把，却没想

149

到,锦上添花远不如雪中送炭。当他人口干舌燥之时,你奉上一杯清水,这胜过九天甘露;大雨过后,天气放晴,你再送他人雨伞,又有什么意义呢?

晋代有一个人叫荀巨伯,有一次他去探望卧病在床的朋友,而当时恰好敌军攻破城池,烧杀掳掠,百姓纷纷携妻挈子,四散逃难。朋友劝荀巨伯:"我病得很重,走不动,活不了几天了,你自己赶快逃命去吧!"

荀巨伯却不肯走,他说:"你把我看成什么人了,我远道赶来,就是为了来看你,现在,敌军进城,你又病着,我怎么能扔下你不管呢?"说着便转身给朋友熬药去了。

朋友百般苦求,叫他快走,荀巨伯却专心给他端药倒水,并安慰他说:"你就安心养病吧,不要管我,天塌下来我替你顶着!"这时只听见"砰"的一声,门被踢开了,几个凶神恶煞的士兵冲了进来,对着他喝道:"你是什么人,如此大胆,全城人都跑光了,你为什么不跑?"

荀巨伯指着躺在床上的朋友说:"我的朋友病得很重,我不能丢下他独自逃命。请你们别惊吓了我的朋友,有事找我好了。即使要我替朋友而死,我也绝不皱眉头!"

听着荀巨伯的慷慨言语,看着荀巨伯的无畏态度,敌军士兵很是感动,说:"想不到这里的人如此高尚,怎么好意思侵害他们呢?走吧!"之后,敌军便撤走了。

患难时表现出的正义能产生如此巨大的威力,说来不能不令人惊叹。

人们总是可以敏感地觉察到自己的苦处,却对别人的痛处缺乏了解。他们不了解别人的需要,更不会花功夫去了解,有的甚至知道了也佯装不知。

饥饿时送一根萝卜和富贵时送一座金山,就其内心感受来说是完全不一样的,我们要做的,不是在别人富有时送他一座金山,而是要在他落难时送他一杯水、一碗面、一盆火。雪中送炭才能显示出人性的伟大,才能显示出友谊的深厚。

5.给彼此留出回旋的余地

中国人求人办事讲究曲径通幽、心照不宣,所以,为人处世时,一定要懂得站在对方的角度为对方着想,给对方留下台阶,同时也是为自己留一个回旋的余地。

在英国经济大萧条时期,18岁的凯丽好不容易才找到了一份在高级珠宝店当售货员的工作。在圣诞节前夕,店里来了一位30多岁的顾客,他衣衫破旧,满脸忧愁,用一种羡慕而不可及的目光盯着店里那些高级首饰。

凯丽去接电话的时候不小心把一个碟子碰掉了,6枚价值不菲的钻戒顿时落到了地上。她急忙弯腰捡起其中的5枚,但第6枚却不见踪影。当凯丽抬起头时,她看到那个30多岁的男子正向门口走去,她立刻意识到戒指被他拿去了。就在男子的手贴近门柄时,凯丽柔声叫道:"对不起,先生!"

那男子听到凯丽的声音后,转过身来,两人相视无言,沉默有几十秒之久。"什么事?"男人问,脸上的肌肉在不停地颤抖。凯丽神色忧伤地说:"先生,这是我的第一份工作,现在找个工作很难,想必您也深有体会,是不是?"

你是我最想要的朋友

那名男子沉思片刻,脸上浮现出了一丝微笑,说道:"是的,的确如此。不过我敢肯定,你在这里会做得不错。我可以为您祝福吗?"说完,男子向前一步,把手伸向女孩。"谢谢您的祝福。"凯丽也立即伸出手,两只手紧紧握在一起,女孩用很柔和的声音说:"我也祝您好运!"

接着,男子转过身,朝门口走去。凯丽看着男子的身影消失在门外,转身走到柜台,把手中握着的第6枚戒指放回了原处。

故事中的凯丽巧妙地运用暗示,不仅保住了自己的饭碗,同时也使那位客人得以全身而退,让一起盗窃案轻松化解。

在人际交往中,每个人都希望得到足够的尊重,因此不妨多一点体贴、多一点爱,给别人和自己都留一个台阶。其实,这也是在鼓励对方以相同的态度和方式对待你。

在一家中国高档酒店内,一位外国客人在用完餐以后,看到一对做工精美的景泰蓝筷子很喜欢,便悄悄地将其装进了自己的口袋。这位外国客人的小动作正好被一名服务员看见了,那位服务员不动声色地走过来说:"谢谢各位的光临,顾客的满意是本店的荣幸。我发现有的客人对我店的餐具很感兴趣——这是很精美的工艺品——若是有哪一位愿意购买,请与本店的工艺品销售部联系。"说完话,她便把目光停在了那位把筷子放进口袋的外国客人身上。那位客人立即从口袋里拿出了那双筷子,说:"我看到贵国的工艺品太精致了,所以情不自禁地收了起来,我非常喜欢,不如以旧换新吧!"说完就笑了起来。外国客人在用完餐离开的时候,真的到销售部去订购了一套餐具。

酒店中的那位中国服务员说话得体,在批评对方的同时也给了对方一个很好的台阶。事实上,给人留台阶,也是给自己留余地。

6.朋友的累积都在平时

朋友关系的维护,重在平时下工夫。没事不联系,有事找上门,这是交往的大忌。"功利"二字在维系人际关系中至关重要,如何用"无功利"的方式打开"有功利"之门呢?聪明人的做法就是没事常联系。想赢得实惠,这算是最好的"创利"方式了。

孙波的人缘很不错,大家都乐意与他交往。工作了3年,他已经结识了许多朋友,有刚上班的毕业生,还有职场上的老手,也有些混得不错的小老板。孙波的同学于涛,同样工作了3年,身边却只有几个熟人,他对此感到很是郁闷。

一次,于涛去找孙波,向他讨教交际经验。两人到一家小饭馆,边吃边聊。于涛说:"我很纳闷,你怎么能认识那么多人,还交往得挺不错?我目前认识的还是那几个老熟人,始终没进展。"孙波很轻松地说:"其实与人交往很简单,没事常联系就行了。"

"平常工作忙得很,哪有时间联系呀?"于涛抱怨道。

"睡觉前几分钟发个短信可以吧?休息日抽空看望一下可以吧?赶上节日问候一下可以吧?对方失业了,慰问一下可以吧?朋友升职了,祝贺一下可以吧?同事、同学过生日,没空去不要紧,打个电话祝福一下可以吧……"于涛这才明白过来,原来平常的一些细节对交往竟有这么大的促进作用。

孙波接着说:"还有一条是最重要的,不要带着功利心与人交往。没事常联系,有事也不要轻易麻烦朋友,自己能做的就不要依赖别人。动不动就麻烦朋友,朋友会怎么看你?"

"有道理!"于涛恍然大悟。他以前很少主动与朋友联系,时间一长,彼此的关系就疏远了。等疏远以后再联系,总觉得找不到共同话题,这样就很难交流。听了孙波的开解后,于涛下决心今后一定要与朋友常联系。

"人非草木,孰能无情",感情投资可以说是收益最大的投资。情与情的交流,心与心的碰撞,让彼此的友谊加深,等到自己面临困境的时候,定会有很多朋友愿意站出来对你鼎力相助。

中国的社会,从某种程度上讲,就是一个人情社会。每个人从小都必须懂得人情世故,这其实就是一种感情投资,如果不懂,便很难在社会上立足。

蒋超与人交往很有目的性。他觉得朋友就是用来利用的,否则便没有交往的必要。

一次,朋友为他介绍了一位公司的经理,蒋超很兴奋,主动让朋友约那位经理一起吃饭,当然是蒋超埋单。朋友也没拒绝,随后几个人到饭店喝得酩酊大醉。蒋超握着那位经理的手说:"以后有什么事情,还请您多多关照。"这位经理也随声应和着。

事后,蒋超就将对方忘了。不到半年,蒋超工作出了问题,上司要将他调到别的部门,蒋超不愿去,就想辞职。但他怕工作不好找,就打算先找工作,等工作找到后再提出辞职。

然而,他向许多朋友打听了,各家单位都不缺人,有的还忙着裁员。最后,蒋超想起了半年前认识的那位经理,他想,那位朋友既然是经理,应该有点实权,如果托他帮忙,说不定会有希望。于是,蒋超翻箱倒柜,最后

第七章 维护朋友圈的原则——得道多助,失道寡助

终于在床头柜的抽屉里找到了那位经理的名片。他打电话向经理求助,经理却被来电弄得一头雾水。

蒋超说他与朋友阿杰陪经理吃过饭,如今想向他谋份工作。经理说要看公司的情况。经理放下电话怒气就上来了,心想,还有这种人?平时连个电话都不打,这会儿突然要我为他找工作,哪有这等好事?其实,要不是蒋超提起阿杰,这位经理早就想不起蒋超了。

到头来,蒋超的工作也没落实,朋友阿杰还打来电话责备他:"你怎么如此莽撞地找那位经理办事,连我都被他责怪了。工作的事你自己看着办吧!"蒋超碰了一鼻子灰,只能待在原来的单位。

如果前期蒋超与那位经理经常联系,逐渐加深对他的印象,时机成熟后再说工作的事,也不至于一下子就把关系弄僵。

朋友关系需要在平时精心维护。我们在交往中要培养一种习惯——没事的时候与朋友保持联络。平时连一声问候也没有,有事时才找出尘封已久的名片,向他人求助,这是纯粹的功利交际。抱着这样的想法去与人交往,注定是要失败的,因为谁也不想被人利用。

至于朋友间的感情投资,则一定要有选择性。志趣相同的朋友,可遇不可求,一旦相遇,投资必多。

德国诗人歌德和席勒之间的友谊备受世人羡慕。尽管他们的人生经历和为人性格大不相同,但是感情的共鸣却把他们紧紧地连在了一起。在长达10年的时间里,他们一起写诗,共同完成了传世之作。

马克思和恩格斯之间的友谊更是被誉为"最伟大的友谊",而共同的革命事业就是他们友谊的纽带。他们感情的投资是为了崇高的理想,这无疑是最高境界。

对朋友进行感情投资在商场中的作用最是明显,正因为商场是一个唯利是图的世界,所以商人最需要的恰恰不是金钱,而是极为稀缺的情

谊,它不仅能让商者赢得财富,更能帮商者赢得朋友!

"船王"包玉刚是从航运起家的。他刚开始从事航运的时候,非常重视感情投资。1955年,他低价收购了一艘英国旧货船,将其改名为"金安号",租给日本一家船舶公司收取租金。不久,由于航运业的迅猛发展,租金行情看涨。这时,很多船主见有利可图,便纷纷抬高租金,变"长租"为"短租",趁势"宰客"。唯包玉刚反其道而行之,他不仅依旧按相对低廉的价格收取租金,还与客户签订了长期合同。在包玉刚看来,客户既是合作伙伴,更是朋友,绝不能贪利忘义,置朋友于困苦之中。

包玉刚对客户的感情投资换来了客户的信赖,他也由此得到了丰厚的回报。一年以后,航运业陷入低迷,租金行情大跌,原来"宰客"的船主纷纷破产,只有包玉刚坐收厚利,还赢得了诚信的好名声,他的客户也越来越多。在短短的两年时间里,靠着一艘"金安号",他已经赚回了7条船。这时,财力雄厚的日商也为包玉刚的诚信所动,主动要求包租他的船。包玉刚的感情投资就这样奇迹般地产生了连锁反应。

深受中国儒家"重义轻利"传统思想熏陶的日商,在经商中很看重这个"义"字。所以与日商合作时,包玉刚更加注重情感投资。除租船给日商,包玉刚还看好日本的造船技术和人力。在包玉刚决定造船时,航运业再次陷入低迷,不少订户开始退单,造船厂面临倒闭的危险,只有包玉刚在照样遵守合同的同时,还增订了6艘船,令日商感激涕零,称他为"最高贵的主顾"。与上次相同,当航运业再次复苏,原来退单的订户这次纷纷被造船厂退单,而包玉刚订的船非但没有减少,还在增加。

包玉刚堪称感情投资的高手,他从来不把客户当作必须战胜的敌手,而是将其看成可以携手的朋友,这也就难怪他能在短时间内获得如此大的成就了。

事实证明,感情投资可以为一个人带来丰厚的回报。所以,对朋友的感情投资在商场上是很必要的,也是必需的。

7.预先给予朋友帮助,效果会更好

你的朋友是否常对你说:"帮我一次,可以吗?"倘若如此,请改变你的作风,不要老是让朋友开口求你,试着自发、预先地给予朋友帮助,也许效果会更好。俗话说:"多一个朋友,多一个后盾。"朋友就是靠互相帮助来维系的,这一次你主动帮助了别人,下一次别人也会主动给予你帮助。所以,不要吝啬你的主动和热情,朋友有难时,自发地给予一些帮助,比朋友开口求你效果更好。

日常生活中,只要朋友需要帮助,并且是急需的、合理合法的,我们就要伸出援助之手,而且最好是在朋友开口之前。即使暂时没有回报,也会有个舒畅的心情做补偿,不是吗?如果你在朋友有难之时,总是袖手旁观,等待友人来求助,再思量是否要提供帮助,那么你的人脉必然难以拓宽、难以坚实。每一次帮人都是一次拓展人脉的机会。

20世纪70年代初,陈玉书带着家人来到香港。抵港之初,陈玉书身上只有50港元。为了一家人的生计,他什么脏活累活都做过,甚至还去当过"地盘工",但是仍然难以养家糊口。每天中午,他总是独自一人就着开水啃面包,舍不得买报纸,他就捡别人丢弃的旧报纸来看。为了减轻负担,他甚至和妻子约定:谁也不准生病。

你是我最想要的朋友

虽然陈玉书汗流浃背地苦干,但命运之神却总是和他开玩笑。不久,填海工程结束,陈玉书也失业了,生活一下子跌到了谷底。他不得不又一次四处求职,却屡屡因僧多粥少而被拒之门外。偏偏在这时,妻子怀孕了,他的经济能力无法再抚养一个孩子,只好找医生给妻子做人工流产。可残酷的是,他连流产的医疗费用都拿不出,只能四处奔走找朋友帮忙,好不容易才凑齐那笔费用。日后,他回忆起那段生活说:"那真是残酷的人生。"

为此,陈玉书常常陷入苦恼之中。有一天,他到公园小憩,看见一位妇女把小孩抱上秋千,却几次都无法把秋千荡起来,陈玉书主动上前帮了她一把。在交谈中,陈玉书得知这位太太是印尼华侨,她的丈夫是印尼领事馆的高级官员。

事情总是如此凑巧,不久后,陈玉书的朋友有一批货在印尼领事馆办商业签证时遇到了麻烦,陈玉书便找刚结识的这位太太帮忙。朋友的问题不但得以顺利解决,还在税率上享受了优惠待遇,节省了一大笔钱,陈玉书也因此获得了自己的第一桶金——5万美元的酬金。陈玉书没有乱花这笔钱,而是用来开创自己的事业。凭着自己的精明和义气,陈玉书结识了一大帮朋友,人脉逐渐拓宽。最后,陈玉书成为了香港著名的"景泰蓝大王"。

主动地帮助别人,其实也是一次自我提升。在帮助别人的过程中,你能学习到自己尚未掌握的本领以及经验,未雨绸缪。可见,当你决定主动帮助别人时,你就已经收获到一份难得的人生经验和阅历了。再加上帮助朋友所得的情谊和人情,你还有什么理由不去选择主动帮助朋友呢?

自发性地帮助别人是一种美德,这种美德会使你的人格更加仁厚、善良,也会使你更加受欢迎。当你把自发性地帮助朋友当成一种习惯后,朋友就会依赖你,并且把你当成知己、恩人。有一位哲人说过:"为了别人,请把你手中的蜡烛点燃,照亮别人的同时,最先被照亮的肯定是你自己!"帮助别人就在帮助自己,所以,请给现在的自己一份"明悟",给未来的自己一份"礼物"。

美国著名作家阿尔伯特·哈伯德曾说:"聪明人都明白这样一个道理:帮助自己的唯一方法,就是主动地去帮助别人。"我们需要把朋友圈打造成一个良性循环的系统,自发性地帮助朋友就是这个良性循环的开端。正所谓"人心换人心,种树得树荫",只要你愿意主动给予朋友帮助,你的人气就会高涨,人脉就会宽阔,朋友间的友谊也会变得坚实起来。

8.不带给被助者卑微感受的帮助

英国电视制片人莱斯·布朗成名后经常回忆起大学时代的一位恩师,并且不止一次地对别人说,他的今天,归功于那位教授点燃了他心中的信心火焰。

读大学时,布朗是一名差生,外语、数学和历史考试经常不及格,暑假期间还被迫到补习班补习。他自以为自己很笨,觉得自己比大多数同学都迟钝,也不像他弟弟妹妹那样聪明伶俐。就在他灰心丧气、一蹶不振的时候,一位名叫卡尔的教授在听了他的倾诉后,非但没有嘲笑他,反而鼓励他说:"哦?布朗,没关系的,它能说明什么呢?它只能说明今后你还得更加努力才行。要知道,对未来的命运和成就起决定作用的因素有很多。记住,千万不要灰心,不要泄气!"

在得到卡尔教授的鼓励后,布朗好像变了一个人,对自己充满了信心,对任何事情都勇于去尝试、去奋斗、去拼搏。后来,布朗的名字终于登上了学校的荣誉册。几年以后,他制作了5部专题片,并在公众电视上播出。当他制作的节目《你应受报答》在教育台播出后,卡尔教授还专门给他打来了电话说:"你就是那个让我感到骄傲的人,是吗?"布朗也恭恭敬敬地说:"是的,先生,正是我。"

故事之所以动人,是因为有助人的智慧在其中。我们说的"智慧地助人",是不带给被助者卑微感受的帮助。

有一次,一位纽约的商人把一枚硬币丢进了一个衣衫破旧的卖铅笔人的杯子里,便匆忙走进了地铁站。过后他想了一下,觉得这样做不妥,便又回到那里,从杯中取走了几支铅笔。他抱歉地解释说,他在匆忙中忘记了带走铅笔,希望对方不要介意。他说:"毕竟,你跟我一样都是商人。你有东西要卖,而且上面也有标价。"

几个月后,在一个隆重的社交场合上,一位穿着整齐的推销员走到这个商人身边,并自我介绍说:"你可能已经忘记我了,而我也不知道你的名字,但是我永远忘不了你,你就是那个重新给我自尊的人。我一直是一个销售铅笔的乞丐,直到你跑来告诉我,我是一个商人。"说来有趣,后来,正是这位昔日的乞丐帮助这位商人把积压的商品推销了出去,还挣了不少钱。

助人的方式有很多种,古人说:"授人以鱼,不如授人以渔。"可是当人们做善事的时候,又有几个人真的考虑过被助者的感受?助人助心,自立者方能自强。当我们做善事的时候,一定要多替对方考虑一下。没帮到人事小,要是伤害了人,那就跟自己的初衷相差甚远了。

有人曾访问过100位白手起家的富翁,发现他们都有一个共同的特点,那就是他们都是优点的发现者,能看到其他人好的一面。美国的玛丽·克罗莱女士所创办的家务与礼品公司,从开始的一无所有,到最后竟成为了销售界的楷模。为什么她能获得如此惊人的成功?有人说,她的成功是出自于她深刻的信仰,她相信一个有信仰的人等于99个只有兴趣的人;她相信每个人都有无限的潜能,如果你能从心理、道德、体能和精神上帮助他们,他们也会在相同的基础上为你建立生意,助你赚钱。

9.换位思考,理解朋友的难处

每个人都希望别人能理解自己,接纳自己,支持自己,喜欢自己。而在人际交往中,喜欢与厌恶是相互的。那些喜欢你的人,你往往也喜欢他们,愿意接近他们;而对你冷淡、疏远,甚至厌恶你的人,你的反应也是相应的。

心理学上有这样一个人际交往的交互原则:决定一个人是否喜欢另一个人,最强有力的因果关系是,另一个人是否理解他。既然如此,我们何不通过理解朋友的难处,并且适当地帮他们排忧解难来获取朋友的支持呢?

一位母亲在圣诞节带着5岁的孩子去买圣诞礼物,大街上到处都散发着圣诞气息,橱窗里装饰着彩灯,可爱的圣诞小精灵载歌载舞,商店里五光十色的玩具应有尽有。

你是我最想要的朋友

"一个5岁的男孩将以多么兴奋的目光观赏这绚丽的世界啊!"母亲毫不怀疑地想。就在这时,儿子却紧拽着她的大衣衣角,呜呜地哭出了声来。

"怎么了,宝贝?要是总哭个没完,圣诞精灵可就不到咱们这儿来啦!"她很不理解,为什么孩子对这个多姿多彩的世界不感兴趣,而要不停地哭泣。

"我……我的鞋带开了……"

母亲不得不在人行道上蹲下身来,为儿子系好鞋带。这时,母亲无意中抬起头来,怎么什么都没有?没有绚丽的彩灯,没有迷人的橱窗,没有圣诞礼物,也没有装饰丰富的餐桌……原来那些东西太高了,孩子什么也看不见。落在他眼里的只是一双双粗大的脚和妇人们低低的裙摆在那里互相摩擦、碰撞,过来又往去。

真是可怕的情景!这位母亲第一次从5岁儿子目光的高度仰望世界,她感到非常震惊,如果不是她弯下腰去为孩子系鞋带,她可能永远不知道孩子眼里所看到的是一个什么样的世界。

回家后,母亲沉思良久,她觉得自己很多事都欠考虑,并没有从别人的角度出发去看待问题,哪怕是自己最亲密的儿子。后来,她立志成为一个能够为朋友、为家人、为遇见的每一个人而考虑的人。她就是美国伦斯勒理工学院第十八任校长,著名的物理学家雪莉·安·杰克逊。

每个人所处的位置不同,对每件事情自然会产生不同的认识。生活中的很多误解和隔膜实际上都是由于人与人之间的思维差异引起的。如果我们能站在别人的角度去思考一些问题,就能更好地理解他人的所作所为。经常站在对方的角度去理解和处理问题,一切就会变得简单得多,这样也会使你变得沉稳、宽容,更容易与他人相处。

第七章 维护朋友圈的原则——得道多助,失道寡助

妻子正在厨房炒菜,丈夫在她旁边一直唠叨不停:"慢些,小心,火太大了,赶快把鱼翻过来,油放太多了!"妻子脱口而出:"我懂得怎样炒菜!"丈夫平静地答道:"我只是想让你知道,我在开车时,你在旁边喋喋不休的感觉。"

与人相处时,难免会有被冒犯和误解的时候。这时,若你只站在自己的角度去想问题,对此耿耿于怀,心中就会有解不开的结。但是,如果你能深入体会对方的内心世界,或许你会发现,对方也有自己的难处,你若站在对方的位置上可能也会这样做。将心比心,设身处地,是达成理解不可缺少的要素。

生活中有时会发生这种情形:对方或许完全错了,但他仍不以为然,你企图说服他,却总也说服不了。在这种情况下,你应该想想,对方为什么会有那样的思想和行为,其中自有一定的原因。若能探寻出其中隐藏的原因,你便能得到了解他人行动或人格的钥匙,而要找到这把钥匙,就必须诚心地将自己放在他人的位置上。

首先,我们要认识到,每个人对同一事物的看法是有差别的。由于成长背景、受教育程度、所处环境以及当时的心境不同,不同的人对同一事物的认知也不尽相同。当自己和他人在认识上出现分歧时,要懂得尊重对方,并容忍这种差异。缺乏"同理心"的人,不能从他人的角度去理解问题,常常不能接受他人的观点,总是强求别人接受自己的观点。这样的人,人们自然会敬而远之。

在《伊索寓言》中,有一则寓言说,普罗米修斯创造了人,又在每个人的脖子上挂了两只口袋,一只装别人的缺点,另一只装自己的。他把那只装别人缺点的口袋挂在胸前,另一只则挂在背后。因此,人们总是能够很快地看见别人的缺点,而自己的却总看不见。这则寓言其实是在告诉我们,人们总是喜欢严于待人却宽于待己。

你是我最想要的朋友

任何一个人，不管从事哪种行业，都难免会出现失误。有的人对自己的错误睁一只眼闭一只眼，对他人的错误却揪住不放。如果换个角度，当你犯了错误，必定是希望能得到他人的原谅，而不是不停地被人追究。

"己所不欲，勿施于人"。你想要的，别人同样也想要；你不需要的，别人同样也不需要。多从别人的角度出发，设身处地为别人着想，你就会成为一个受人欢迎的人。

第八章

珍惜朋友资源
——绕过朋友圈的雷区

人们常说,好钢要用在刀刃上,朋友也是这样。

你是我最想要的朋友

1.淡化你的优越感

有了好东西就和大家一起分享，把自己拥有的好东西展示给别人看一看,把自己的得意之事说给别人听一听,本来也没有什么大不了的。但是,如果炫耀的心理太过,想听奉承、赞美之话的渴望太强烈,人就会陷入"卖弄"之途。而这种卖弄有时就像毒药,会让你上瘾,最后失去本性。

其实,如果你确实有能力,别人都是能看到的,你不说出来,别人也会把你的能力捧出来。这样既能满足你在别人面前展示的心理,又不会引起他人的反感。

同样一件事,别人去没办成,而你却一下子就办妥了。这时,你若开口闭口"我怎么怎么",只会让人觉得你在炫耀自己的技高一筹,从而招致他人的嫉妒。如果你说"我能办妥这件事,是因为我卖力肯干",那就容易让人觉得你处于优位是理所当然的,从而嫉妒你的能干;但你若说"我能办妥这件事,一方面是因为前面的××去过了,打下了基础,另一方面也是多亏了×××的大力帮助",这就将办妥事的功劳归到了"我"以外的外在因素"×××",从而使人产生"还没忘了我的苦劳,我要是有××的大力帮助也能办妥"这样借以自慰的想法,心理上得到了暂时平衡,从而在无形中淡化你的优位。

"小李毕业一年多就提了业务厂长,真了不起,大有前途呀!祝贺你!"在外单位工作的朋友小张十分钦佩地说。

"没什么,没什么,你过奖了。主要是我们这儿水土好,领导和同事们

第八章 珍惜朋友资源——绕过朋友圈的雷区

抬举我。"小李见同一年大学毕业的小王在办公室里，便压抑着内心的欣喜，谦虚地回答道。

小王虽然也嫉妒小李得到提拔，但见他这么谦虚，也就笑盈盈地主动招呼小李的朋友小张："来玩了？请坐啊！"

可以想象，小李此时如果说"凭我的水平和能力早可以提拔了"之类的话，小王的反应绝对不会这么友善。

如同"中和反应"一样，一个人身上的劣势往往能淡化其优势，给人以"平平常常"的印象。当你处于优位时，突出自己的劣势可以减轻嫉妒者的心理压力，产生一种"哦，他和我一样"的心理平衡感，从而淡化乃至免去对你的嫉妒。

通过艰苦努力所取得的成果很少会被人嫉妒，如果你处于优位确实是通过自己的努力得到的，那么不妨将此"艰苦历程"诉诸他人，以引人同情，减少妒忌。比如，在邻居、同事还未买车的时候，你却先买了。为了免受"红眼"，你可以这么说："我买这车可不容易。你们知道我节衣缩食积攒了多少年吗？整整6年啊！辛苦啊！我们夫妻俩都是低工资，一毛钱一毛钱地攒，连场电影都舍不得看，太难了……"听了这些话，对方就很难产生妒忌之心。相反，或许还会报以钦佩的赞叹和由衷的同情。

另外还要注意，切忌在同性中谈及敏感的话题。相较男性而言，女性更容易产生嫉妒心理，而这嫉妒多半因容貌而起。女人对容貌、衣着以及风度气质所带来的爱情生活、夫妻关系等相当敏感，所以最好避谈这些话题。

2.别用你的优势去对比别人的劣势

做人自信和要强是应该的,但一旦过了头,就会变成自负和自傲。所以,如果你有自己的想法,请不要用自负的方式来阐述;如果你有过人的能力,也不要用"门缝里看人"的眼光来看待别人。总而言之,就是不要用你的优势去对比别人的劣势。

李泉是某公司的新进员工,高大英俊,口才不凡,在应聘的时候得到了主考官们的一致好评。李泉刚进公司就成了办公室的红人,上司也对他寄予了厚望。但是没过多久,问题就来了。李泉所在的部门每个星期都会进行一次例行会议,向来是由上司主持下属的工作部署安排,然后下属之间相互交流各自的工作心得和工作进度。初来乍到的李泉在第一次参加会议的时候就表现出了他的"好口才",在业务会上跟同事和上司展开了激烈的辩论。

在讨论工作计划安排的时候,他总是认为自己的方案无可挑剔,将其他人的方案批驳得一无是处。在讲到某个具体观点的时候,他会揪住对方的小细节,滔滔不绝地要跟对方辩论到底。不但在会议上是这样,在日常工作中,李泉对他人的行事模式也总是看不惯,总认为自己的才是最好的,习惯性地发挥他的"三寸不烂之舌",强势地要求对方按照自己的思路走,肆意贬低同事的能力,直到对方哑口无言方才罢休。如果谁认为跟他纠缠没有意义,不愿意跟他说话,他就会更加认定对方不如自己。

李泉的这种"自我感觉良好"的习惯,要从他的第一份工作开始说起。李泉的第一份工作是在机关单位,因为办公室里的领导在他眼里"水平都很低",因此李泉总是看不起他们,对他们的态度也很冷淡。将手头的工作做好之后,李泉对领导的意见常常爱听不听,领导自然不会喜欢这样老是给自己脸色看的下属。因此,一段时间之后,李泉就发现机关里的一切福利待遇他都没有享受到,而麻烦的事情却一件接着一件。

就这样,一年多以后,被孤立的李泉实在待不下去了,只好选择离开。但直到离开,李泉仍然认为问题不在自己身上,是机关的人眼界太低,嫉贤妒能,无法容忍他这种高能力的人才。

岂料,在现在的公司,李泉又遇到了同样的问题。骄傲的本性使他在工作中急于摆出与众不同的姿态,看不惯别人的生活和工作方式,认为他们是在浪费时间。他想要帮助别人,但是说出口的话却成了自以为是的教训。日子久了,同事们都开始疏远他,不少客户也跟李泉的上司反映:"你们单位的那个李泉口才倒是挺好,可是跟他打交道怎么就那么不舒服呢?老觉得自己低他一等。"

冷眼和流言越来越多,最后连上司也对李泉不耐烦起来。不到3个月,李泉就被请出了公司。

在生活中,跟李泉一样总觉得谁都不如自己的人不在少数。他们往往会表现出超强的自信,而这种自信在别人的眼里就会被解读成"自负""自以为是"。

每个人都有自己独特的个性,但在进入社会之后,为了安身立命的需要,应该及时为自己补课,认清理想与现实之间的差异,学会包容与自己不同的生活和工作方式,理性地看待工作和人际关系,感性地经营人与人之间的关系。

人际交往中最忌讳的就是用个人标准去评判别人,给别人打上无能的标签。作为社会群体中的一员,既然已经跟周围的人身处同一个组织、同一个环境,那就说明你仍然是一个普通人。不要总是认为自己有足够的优势来证明别人的劣势,也不要认为自己的见解永远都是正确的。如果你总在嘴皮子上寻求一时之快,等待你的只能是如李泉一般的结果。

3.尽量保留朋友的颜面

在中国这个"熟人社会"里,人与人之间产生冲突的最基本原因除了利益之外,就是面子问题。不给别人面子就等于伤别人自尊,亲密朋友甚至可能因此反目成仇。所以,无论何时,我们都要维护别人的面子,"打人莫打脸,说话莫揭短。"

史坦恩梅兹在电器方面是个天才,他在担任通用公司电器部门的主管时,把部门管理得井井有条,公司的销售额不断上升。不久,他就被升任为通用公司计算机部门的主管。然而,这一次他却遭到了彻底的失败。看着计算机部门糟糕的业绩,公司高层领导心急如焚,但他们不愿对史坦恩梅兹有所冒犯,毕竟他为公司做出了贡献,而且,公司绝对不能缺少这样一个人才。

通过最后的协商,他们想到了一个绝妙的办法。既让敏感而又自尊心极强的史坦恩梅兹愉快地接受工作调动,又不会对他的自尊心造成什么打击。

第八章 珍惜朋友资源——绕过朋友圈的雷区

通用公司下了一纸命令，决定在公司内部成立一个新的部门——通用电器公司顾问部。史坦恩梅兹担任"顾问总工程师"，并且兼任部门主管。史坦恩梅兹对这一调动很高兴，他愉快地接受了这一任命。

贝特福特既是洛克菲勒的合作者，也是他的下级。

有一次，贝特福特独自负责一桩南美的生意，但他非常不幸地失败了，而且输得特别惨。贝特福特自认为实在没脸再见洛克菲勒，他猜测下一次再开董事会时，洛克菲勒一定会毫不客气地批评他，为此，他的心一直紧绷着。

这天，公司的董事会如期召开。贝特福特硬着头皮来到会议室，他等着洛克菲勒的批评，而且已经做好了充分的思想准备。

洛克菲勒开始讲话："贝特福特先生。"贝特福特心里一阵发紧，他最担心的事情还是不可避免地发生了。"首先，我可以肯定你在南美确实做了一件不成功的事情，但是。"洛克菲勒的语气是那么亲切、缓和，"大家知道你已经尽力了，虽然这次失败了，但是我相信在这件事情上没有人会比你做得更好，而且我们也正计划着让你重整旗鼓。"

听到这一番话，贝特福特倍感温暖，先前的抑郁一扫而光，他又重新找到了自信。在董事会上，洛克菲勒没有让他难堪，这让他非常感激。

每个人都有自尊心，都不愿意在别人面前丢面子。所以，要想说服别人，就必须针对这一实际情况采取办法，在交际中留有余地，不要把话说得太绝、说得太死，要给朋友留点面子。

其实，在我们身边，即使是被大多数人认为"无用"的人，也有自己的长处。他或许比别人差一点，却在某一方面潜藏着特长；他或许比别人笨拙，却也因此比别人更勤奋卖力。所以，不管对谁，都不能有嫌弃的态度，更不能伤到他的面子。

一天中午，查尔斯·施瓦布路过炼钢车间，发现有几个工人在抽烟，而在他们的头上就挂着一块写有"严禁吸烟"字样的牌子。这位老板会怎么教训他的伙计呢？痛斥一顿吗？不，老板深谙批评之道，他走到这些人面前，递给每个人一支雪茄烟，说："年轻人，如果你们愿意到别处去吸烟，我会很感谢你们的。"

工人们原以为会招来一顿斥责，结果老板不仅没有责怪他们，还送了每人一支雪茄。老板顾及他们面子的做法让他们倍感惭愧，自此，他们对自己的上司更加敬重了。

每个人都会因为面子而与别人发生冲突，这是因为每个人都很在乎它。因此，在说服别人的时候，你要尽量保全对方的颜面，只有这样，说服才有可能获得成功。就像在职场中，你想要改变同事已公开宣布的立场，首先要做的就是尽量顾全他的面子，使对方不至于背上出尔反尔的包袱。假如在一开始，同事在没有掌握全部事实的情况下与你产生了分歧，为了说服他，你可以这样说："当然，我完全理解你为什么会这样设想，因为你那时不知道那回事。"或者说："最初，我也是这样想的，但后来当我了解到全部情况后，我就知道自己错了。"这样的表达可以把对方从自我矛盾中解放出来，使他体面地改变先前的立场，并保证你们之间的关系不会受到任何的负面影响。

4.保护他人隐私

每个人都有不想让别人知道的隐私,因此,在与人相处的过程中,要极力避免谈论别人的隐私。到处说别人的隐私话题,只会让人觉得你人格低劣,缺乏修养,甚至本来与你关系很好的人也不愿意再和你交往。

因此,不随意泄露别人隐私是巩固人际关系的基本要求,如果做不到这一点,恐怕没有哪个人敢和你推心置腹。

小强放弃了原本发展不错的外资公司,与上司一起跳槽到了新公司。因为他是老上司极力推荐的人选,所以新公司老总还算器重和信任他,经常把一些较为复杂的工作交给他去做,这让他感到很欣慰。尤其让他高兴的是,只要他一从老总办公室出来,大伙就会对他特别亲热,问长问短。

但时间一长他发现,原来大家总是想从他嘴里套出公司的有关机密。为了和大家打成一片,他把一些事告诉了同事。可后来他发现,如此的"牺牲"并没换来同事的真心。一天,他听见同事在背后说:"一个连老板都敢出卖的人,估计不是什么好人,谁敢和他走得近!"听到这种话,他欲哭无泪,感到很心寒。

更让他没有想到的是,有同事将他所说的秘密告诉了老总。老总知道后非常愤怒——一个自己如此信任的人却可以随便将公司未公布的机密透露出去!一怒之下,老总便将小强开除了。

你是我最想要的朋友

我们固然不能随意泄露他人隐私,但保护自己的秘密也是至关重要的。

森林里,狐狸垂涎刺猬的美味已经很久了,但那一身硬刺让狐狸无从下手。

刺猬和乌鸦是好朋友。一天,刺猬和乌鸦聊天,乌鸦说很羡慕刺猬有这么好的铠甲,刺猬经不起乌鸦的吹捧,便对乌鸦说:"我的铠甲也不是没有弱点。当我全身蜷起时,腹部还有个小眼不能完全蜷起。如果朝那个小眼吹气,我受不了痒,就会打开身体。这个秘密我只跟你说,千万要替我保密,要是传出去被狐狸知道了,我就死定了。"

乌鸦信誓旦旦地说:"放心好了,你是我的好朋友,我怎么会出卖你呢?"

不久,乌鸦落在了狐狸的爪下。就在狐狸要吃乌鸦时,乌鸦想到了刺猬的秘密,对狐狸说:"你放了我,我就告诉你刺猬的死穴。"

于是,狐狸放了乌鸦,后果可想而知。

其实,真正出卖刺猬的是它自己。它生活在一个充满危险、弱肉强食的森林里,能保护它的只有那一身硬刺,它却为逞一时口舌之快,把自己的破绽告诉了乌鸦。

职场犹如战场,每个人都有一副属于自己的别人所不能拥有的"铠甲",这是你安身立命的根本。即使面对关系颇好,跟自己没有直接利益关系的同事也不能随便说出去,否则这个同事遇到困难之时,也许会将你的秘密作为交换的筹码,去换取自己的利益。

连自己的秘密都保守不住,更何况是别人的秘密呢?所以,无论在何种情况下,都不要谈论他人的隐私。这不仅是对别人的保护,也是对自己的保护。

5.距离产生美

俗话说,距离产生美。人与人是不同的,走得太近,就容易看见对方的缺陷和不足;离得太远,又容易感情疏离。所以,最好的方式是保持一定的距离,同时真诚相处,这样,你与朋友的友谊才会长久。

荣格是现代心理学的鼻祖之一,他早年师从精神分析学大师弗洛伊德。从1906年起,荣格就开始把自己的一些论文及后来的专著寄给弗洛伊德,希望能够与对方在学术上进行交流。1907年,弗洛伊德邀请荣格到奥地利维也纳做客,两个人一见如故,整整聊了13个小时。

后来,荣格和弗洛伊德的感情一直非常好,每个星期都要通信,交流彼此的研究成果和新想法,并经常互相拜访,于是连双方家眷也成了很熟的朋友。

弗洛伊德很欣赏荣格,在国际精神分析协会正式成立之后,坚持推举荣格为协会的第一任主席。在这段时间里,弗洛伊德亲切地称荣格为精神分析王国的王储,说荣格是他思想领域的"长子"。

可是,荣格和弗洛伊德的亲密关系在1912年产生了明显的裂痕,到后来,两人的私人关系完全破灭,荣格也因此退出了国际精神分析协会,并且在此后的3年进入了人生的低谷期,闭门不出,甚至不能工作。

照理说,荣格对弗洛伊德那种如父爱般的感情是非常真挚的,究竟是什么导致了他们之间的疏离呢?

很多年以后,荣格曾经说过造成他和弗洛伊德关系恶化的一个重要原因，是他知道了弗洛伊德和妻子以及妻妹之间的"三角关系"。

在荣格的精神世界里，工作是最重要的，但他也非常尊重和爱护自己的妻子。对于弗洛伊德，荣格不能容忍的并不是这位自己最尊重的人有了逾越道德底线的生活方式，而是自己知道了太多的事情，窥探到了别人太多的秘密，以至于他的内心发生了剧烈的冲突。

荣格回忆说，他和妻子第二次去维也纳做客的时候，弗洛伊德到他们住的旅馆看望他们夫妻二人，并给他的妻子带去了一束花。弗洛伊德说："遗憾的是我不能真正做到让你有一种宾至如归的感觉，因为我家里除了年老的妻子外一无所有。"这句话让荣格的妻子很不自在。

当天晚上吃饭的时候，荣格发现弗洛伊德的妻子几乎不明白自己丈夫所从事的事业，她和丈夫在工作方面根本没有任何语言上的沟通，但这在荣格家里是不可能出现的情况。

当然，荣格也见到了弗洛伊德妻子的妹妹，她年轻漂亮，并且很聪明，对精神分析学有很多了解。

几天后，荣格接到了弗洛伊德妻妹的来信，对方想约他单独谈谈。

在咖啡馆里，弗洛伊德妻子的妹妹就像老朋友那样亲密无间地和荣格交谈，对荣格敞开了心扉。弗洛伊德的妻妹说最近她被自己和弗洛伊德的感情困扰住了，并且表示因为荣格是弗洛伊德最信任的朋友，所以也是她最信任的朋友，她不知道该怎么办。她知道自己和弗洛伊德彼此相爱，但她根本无法面对姐姐，内心充满了愧疚。

这些话让荣格十分震惊。在他单纯的感情世界里，爱自己的妻子和被自己的妻子所爱应该是爱情的全部，这超越了伦理道德底线的爱情让他感到烦躁、困扰。

荣格不想听，但又不得不听。在这次的维也纳之行期间，弗洛伊德总是有意无意地告诉荣格自己被一些梦所困扰，这些梦涉及了三角关系，这是在暗示他和自己妻子以及妻妹的关系。

第八章 珍惜朋友资源——绕过朋友圈的雷区

荣格最后说道:"在我和弗洛伊德关系的破裂中,我对他和他妻子、妻妹之间三角关系的知晓成了非常重要的原因。"

由于荣格和弗洛伊德两个人走得太近了,对彼此都十分了解,近得超过了一般朋友的界限,最终导致了物极必反的结果。如果你身边有一些非常珍惜的朋友,如果你心中还有不想失去的人,那就记住这个相处的原则,保持一定的距离,有时,靠得太近反而是远离的开始。只有和朋友保持适当的距离,你们的友谊才会像好酒一般越酿越醇。

6.交浅言深是不成熟的表现

俗话说,逢人只说三分话,还有七分话不必对人说出。也许你认为大丈夫光明磊落,事无不可对人言,何必只说三分话呢?老于世故的人的确只说三分话,因为他们知道说什么话要看对方是什么人。对方不是可以尽言的人,你说三分真话,已经不少。所以,"逢人只说三分话",不是不可说,而是不必说、不该说,与事无不可对人言并没有冲突。

说话有三种限制——人,时,地。非其人不必说;非其时,虽得其人,也不必说;得其人,得其时,而非其地,仍不必说。非其人,你说三分真话,已是太多;得其人,而非其时,你说三分话,正给他一个暗示,看看他的反应;得其人,得其时,而非其地,你说三分话,正可以引起他的注意,如有必要,不妨择地长谈,这叫通达世故。

在同事中发展交情宜慎重,因为大家长期相处,交友不慎将影响你以后的处境。

起初，同事之间大多不会显露出对公司的意见，但是俗话说得好，路遥知马力，日久见人心。只要一起吃过几次饭，一些见识浅薄的人就很容易把自己的不满情绪倾诉给你听。对于这种人，你不应和他有更深的交往，只需做普通同事就可以了。

假如和对方相识不久、交往一般，而对方却忙不迭地把心事一股脑地倾诉给你听，并且完全是一副推心置腹的模样，这在表面上看来很容易令人感动，然而，转过头来，他又向其他的人做出了同样的表现，说出了同样的话，这表示他完全没有诚意，绝不是一个可以进行深交的人。

"交浅言深，君子所戒"，所以，千万不要附和这种人所说的话，最好是不表达任何意见。

有些人唯恐天下不乱，总是喜欢散布和传播一些所谓的内幕消息，让别人听了以后忐忑不安。例如"公司将会裁员""公司将会改组""上司对某某人不满"等话语，都是这种人的口头禅。所以，与这种人要保持距离，以免被其扰乱视听，或者被他卷入某些是是非非。

有的人喜欢盗用公司资源。所谓盗用公司的资源，不一定是指私用公司物品，也包括在工作时间做私人事务这样的事。有些人以为在公司里工资太低，因而总是想方设法抽出部分工作时间去办理私人的事情，作为自己心理上的补偿。不要与这种人成为好朋友，否则一旦被上司发现，你就会被牵累，上司会认为你们同流合污。

在公司中，有些人为了保持现状，对一切事情都抱着"事不关己、高高挂起"的态度。他们凡事低调处理，不参与任何是非争执。这种人不容易相信别人，但可以做朋友。假如能够打开他的心扉，进入他的内心，也有可能成为知己。

还有一种人，他们对公司很有感情，从来不分上下班时间，愿意长时间待在公司里工作，但常会在公司里做一些私人的事情，好像把公司当成了家。这种人最大的特点就是把私人时间和工作时间完全混淆了。他们对此没有概念上的划分,工作起来非常刻苦,因此一旦遇到加薪幅度不够理想或遭受老板批评这样的事情,他们就会感到委屈,并很激动地认为公司对自己亏欠太多。与这种人多接触,肯定有助于你对公司有更多、更深的了解,但有一点必须记住——绝不效仿!

7.千万不要打听别人的收入

有些人在职场中,总是忍不住自己的好奇心,喜欢偷偷打听同事的工资。如果他比你钱多,他会假装同情,心里却暗自得意;如果他没你钱多,则会心理不平衡,表面上可能是一脸羡慕,私底下却会不服,这时候你就该小心了,背后做动作的人通常让你防不胜防。

闫妮和甄晓兰在同一家公司工作,是工作上的搭档,两人关系很好,无论干什么事都在一起,有什么喜讯也都愿意和对方分享。

又到了发工资的时候,因为上个月她们做的一个预案特别成功,所以老板给她们发了奖金。闫妮打开工资单一看,整整多了500元的奖金,心里都快乐疯了。旁边的甄晓兰问她发了多少工资的时候,她毫不犹豫地说了出来。

听到闫妮报出的数字,甄晓兰的脸一下子就阴了下来,因为她的奖金只有400元。她心想:"我和闫妮干的是同样的工作,一起设计,一起讨论,凭什么我就比她少100元?"旁边的闫妮看她脸色不好,忙问她怎么了,她摇摇头,然后就走了。闫妮因为得到奖金很高兴,所以没有太在意。

甄晓兰找到老板质问凭什么少发给她100元的奖金,老板一愣,虽然很反感,但还是告诉她因为闫妮的工作态度比她严谨,能力比她强。得到答案后回到位子上的甄晓兰越想越气,便悄悄地给闫妮"栽赃陷害"。不久,闫妮在做预案的时候贪污公款的流言就在公司里传开了。终于,事情传到了老板的耳朵里,老板把她们俩叫到了自己的办公室。

一进门,老板就开口问闫妮:"你是不是私自拿公司的钱买东西了?"闫妮一愣,心想:老板是怎么知道的?原来,上个月和甄晓兰一起做预案的时候,自己有一次没有带钱,就从公司的钱里面拿了一点,不过事后马上就给补上了。这事情只有甄晓兰知道,难道流言是甄晓兰传出来的?

想到这里,闫妮向老板承认了自己拿钱的事情,老板查了查记录,知道她确实把钱补上了,便批评道:"下次如果再发生这样的情况要先和我说,否则就走人。"闫妮赶紧答应了。

接着,老板转头对甄晓兰说:"你为什么要陷害闫妮?"甄晓兰说:"因为我觉得我们的能力一样,她却比我得的工资多,我不平衡!"最后,老板开除了甄晓兰,因为公司不能容忍一个好打听别人薪水而嫉妒心又如此之强的人。

发多少薪水是对你劳动价值的一个肯定。身在办公室,每个人的学历和能力都不一样,薪水自然也就不一样。去打听别人的薪水只会让自己不痛快,碰到像甄晓兰这样的人,只能是自讨苦吃。

在办公室里,薪水的多少是一个秘密,触碰不得。别人的薪水多少和你没有关系,即便大家的工作一样,也要看平时的表现以及工作时间的长短。所以,不要主动去打听别人的工资;如果别人打听你的工资,你也要懂得拒绝。

聪明的人要明白,从你踏进办公室的大门起,就应该遵守办公室的规则。在办公室里,面对薪水的问题一定要守口如瓶,否则会很容易得罪人,因为总有人觉得工作比你认真,得到的应该比你多。

8.闲谈莫论上司

在与同事聊天的时候,一定要避免聊上司的不是,或触碰上司的软肋。说不准,你无心的聊天就会被同事拿去当成茶余饭后的传言,等传到上司的耳中时,不仅你在工作中得不到展现的机会,甚至你的工作能不能保住都是一个问题。

张萌大学毕业后在一家私企做技术专员,一天在办公室里和同事聊天,偶然聊起了做上司好还是做员工好的问题。张萌说:"给我选择,我还是选择做员工,做上司也挺累的。比如我们的顶头上司,他的上头还有领导,别看在我们面前很牛,在他的上司面前,不还是要点头哈腰?一个人两种姿态,怎么想怎么别扭!"

张萌的同事笑着说:"但是,他的工资比咱们高呀!他有权力,咱们没有呀!"听到这里,张萌不屑地说:"那都是一时的,要是哪天公司不行了,第一个该辞退的就是他!因为他比我们拿的工资多,但是技术上的东西却一点儿都不懂。你说哪天公司要是不行了,公司是要他,还是要我们?"

张萌以为听到这话同事们都会笑起来随声附和,结果却发现没有一个人在笑,大家都在认认真真地低头干活。张萌没有发现此时正站在她身后的上司,还在说:"你们别不信,我有个朋友开的公司就是这样,前期做领导的一个个都牛得不行,当公司陷入低谷,第一个倒霉的就是那些做领导的!"

张萌说得激动,手一挥正好打在上司身上,一转头,上司正怒气冲冲地看着她,张萌心里顿时凉了半截。

张萌的上司不动声色地宣布:"我是来向大家宣布一个消息的。刚才总经理开会说我们要在两个月内裁员两名,我一直在想,大家都挺努力的,裁谁好呢?"这时,张萌发现大家的眼光竟然一起看向了她。结果不到两个月,张萌就被辞退了。此时张萌才明白,不管在哪里,提上司的软肋都是致命的错误!

中国有句古话讲得好:"闲谈莫论人非。"在办公室中,我们则应该"闲谈莫论上司"。不论是向上司汇报工作的时候还是闲聊的时候,都应做到客观、准确,尽量不带有个人评价的色彩,以避免无意中的只言片语正好提到上司心里的软肋,引起上司的反感。

在办公室待的时间长了,大家难免会聊点职场上的事,这时候千万要记住——无论别人怎么说,你只需要听就可以了。如果实在要说,就简单陈诉自己的观点,表述意见要确切、简明和完整,有重点,不要拖泥带水,只对具体的事情,而不要针对某个人。

碰上谈论上司的坏话时,无论你知不知道上司的事情,都不要发表你的看法,小心隔墙有耳。

每个人的职场生涯中都会有一个对自己的发展起重要作用的人,很多时候,这个人就是你的上司。好的上司能让你的事业不断地提高,所以,和上司打好关系很重要。因此,在职场的谈话规则中,避开上司的软肋是非常重要的原则。

第八章 珍惜朋友资源——绕过朋友圈的雷区

萧雅的上司长得不高,身体还很臃肿,走起路来一扭一扭的,为此,有些同事给他起了个"猪头"的外号。因为自己的胖,所以上司很忌讳别人说关于胖的字眼。

有一次,中午休息的时候,大家聚在一起聊天。说起上大学的事,有一位同事说,当时他们大学最有名的校花竟然看上了一个又矮又胖的男生,感觉那个女生真是傻帽!

另外一名男同事也接着说:"有些人长得不怎样,又圆又矮,真不知道哪里来的那么多信心,追女生、办企业,竟然还挺成功,想不通啊。"

听完这位同事的话,萧雅也附和了一句:"就像'猪头'那样的人,不是也在女人中挺受欢迎的嘛。"说完,萧雅一转身就看见上司脸色难看地站在自己的背后,顿时傻了眼。

职场上有很多其貌不扬的上司,他们最忌讳别人评价自己的长相,不管你是直接的还是间接的,即使不是说他,也一定要注意,小心惹祸上身。因为这样的上司一般自尊心都特别强,经常从别人的话中找到毛病。有时候你无心的一句话也会让他联想到自己的外貌,那时你就百口莫辩了。

办公室里人员复杂,是最容易产生是非的地方。要想在这里生存,除了好好工作之外,余下的事情最好都不要管,谈论上司的软肋则更加不行。即使上司自己听不到,也会被别有用心的人传到他的耳中。

9.别总是把恩惠挂在嘴上

感恩是一种美德,是一种美好品质的表现,所以,它注定了不可能从一般人身上得到。如果你想通过施恩于人来获得朋友的依赖和感恩,那你就大错特错了。

一个住在纽约的女人常常因为孤独而不停地抱怨。没有一个亲戚愿意去接近她,谁都受不了她没完没了的唠叨。她常常对别人说,自己对待她的侄女们是多么的尽心尽力,在她们生麻疹、腮腺炎还有百日咳的时候,是她一直守候在她们的身边。她资助了其中的一个完成了商学院的学业,还伺候另一个侄女的食宿,直到她结婚为止。

当然,她们偶尔还是会来看望她,但那只是出于自身的义务。她们都害怕见到她,怕她没完没了地骂人、埋怨与自怜。后来,她们来探望她的时间间隔越来越长,以至于她使用了一种极端的手段迫使她们来探望自己。她是怎样做到的呢?她不断地暗示自己患有心脏病。让人感到到诧异的是,尽管她不是真的患了心脏病,但是她强迫自己所表现出来的病情比真正患有心脏病的人还要严重。没有医生知道如何去治疗她,因为这全是由于情感而引发的。这个女人常常嘟囔着要知恩图报,可是她永远都得不到侄女们的真心关爱。

像她这样的人不在少数,他们因为"别人忘记回报"而感到孤独,他们希望有人去关注他们,可是他们不知道,这个世界上唯一能够得到爱的方法就是不再索取,只要忘我付出。

卡耐基曾说:"别指望别人感激你。"忘记感谢是人的天性,如果你一直期望别人感恩,多半是自寻烦恼。你若想通过自己施恩于他人而追求别人的报恩,那就失去了交际的意义,同时还会平白无故地给自己套上一副精神枷锁,给友谊挂上重担。

帮助朋友是我们应该做的事情,不要时常把它挂在嘴边,逢人便说。因为你每谈论一次对别人的恩惠,就会削减一分别人内心对你的感激,长此以往,别人会渐渐觉得他根本不欠你什么,因为他欠你的全被你的嘴巴说出去了。

许多人总是寄望于别人知恩图报,然而帮助他人是道德范畴内的一种境界,是发自内心的"我想做""我愿意做"和"我必须做",不应掺杂任何功利性和渴望得到回报的心理,否则就是别有目的地帮助,失去了一颗帮助朋友的平常心,把图报看成了施恩的指标。

施恩不等于施舍,帮助朋友也不应该抱着"我是恩人"的想法。就像小说《灵魂的枷锁》中刘宇飞说的那样:"当援助成为施舍与恩典,它就不再是渡人于困厄之中的方舟,而是锁住灵魂的枷锁。"给朋友带来受人恩惠的屈辱感,带来一辈子都可能还不清的精神债务,这样的"施恩"又有何意义呢?

总是把恩惠挂在嘴上,就等于给受恩者的心灵"放高利贷",这不是我们所宣扬的助人为乐,而是一种对受恩者的心灵折磨。

当你"施恩"于朋友时,不妨将这种帮助当作理所应当的事情。或许对方当时无法强烈地感受到你的这种好意,但伴随着时间的沉淀,从生活的点点滴滴中,对方必然能够体会出你对他的关心。这个时候,你的恩惠才算深入人心。

10.别让误会过夜

很多事情就是不说才容易产生误会,如果误会不及时澄清,就会越积越深,容易把矛盾激化,使之成为职场生涯的杀手。

有的人以为那些误会只是小事,于是一笑了之,没有出面澄清。殊不知,小误会不解除,一不小心,就会让自己陷入更大的误会旋涡中。

驴和蝉是好朋友,蝉唱歌很好听,驴想学,但蝉不会教,驴只能偷学。它注意到一个细节就是蝉每天只喝露水充饥。由此,驴以为只有这样才能唱歌。于是,驴每天也只以露水充饥。蝉认为这是小误会,就没说什么,结果没几天,驴就饿死了。蝉因自己的疏忽失去了好朋友,痛苦不已。

故事中,蝉不会教,驴以为蝉不肯教,这是个小误会;驴看见蝉只喝露水,就以为想唱好歌必须喝露水,这是一个大误会。蝉没有把小误会澄清,继而转变成大误会;大误会没有及时澄清,结果让大误会转化成了悲剧。所以,别轻视误会,有误会就应该及时澄清。

娟子是某广告公司的策划师,收入相当可观,她的头脑非常敏捷,人缘也不错。可是,娟子这个人爱开玩笑,所以和同事之间产生误会在所难免。

这天,公司一名美工阿紫在办公室里哭泣,原因是她失恋了。同事们都跑去劝她,好不容易才将她安抚下来。可这时,娟子却说了一句玩笑

第八章 珍惜朋友资源——绕过朋友圈的雷区

话:"阿紫人这么漂亮,离开她的男人要么没眼光,要么就是爱上了我。"

这句话让刚被安抚住的阿紫又哭了起来。因为在前些日子,阿紫的男朋友常来公司,还跟娟子显得很黏糊。阿紫很吃醋,还为此跟她男友闹了一场。娟子没有出面澄清,认为自己只要和他保持距离,阿紫就不会再乱吃醋了。可今天娟子的一句话却让原本的小误会变成了大误会。

阿紫以为男友离开她就是为了和娟子在一起,于是很生气地当场抖出了娟子的隐私。原来,娟子总是背地里说身边同事的坏话。不久,这件事就在公司里传开了,大家都对娟子冷面相对。阿紫离开了公司,娟子也无颜面对大家,只好辞掉了工作,也留下了无法弥补的遗憾。她知道阿紫误会了自己,但现在说什么都为时已晚。

误会是种毒药,它一不小心就会成为隐形的杀手,杀人于无形,损人于无踪,害人于无影。所以,有了误会应该马上澄清,切忌放任其发展,不要让小误会变成害人的毒药。及时解除误会,才能让你和同事相处融洽,让团队更加具备凝聚力。

当然,在特定的情况下,误会也可变成良药。有时候,产生误会并不是一件坏事,及时地澄清会让你更有威信和地位,更能赢得别人的尊重。

郑樵是个才华出众的人,就是为人过于正直。康熙听说此人,很想任其为高官。可他一无考中,二无亲故,就这样升为高官,朝中定会有人不服。这一天,康熙刚在朝中提了一句,几个辅佐大臣就慌忙阻挠。他们早已耳闻皇帝很喜欢此人,也暗中考量了此人的学识。

有的说:"皇上,此人没有学识,并无文采。一日,我乘轿,就在其门口,摆出百两赏银,出了题文,却未见其出来应考,可见此人胸无点墨。"

也有人说:"无才也就罢了,无品更令人恼。那日,我见他弃老妇人于河边而不顾。此人不孝,难为父母官。"

康熙颇为惊讶,他觉得此事蹊跷,便命人将郑樵带上了朝。康熙当朝把心中疑虑一问,郑樵义正词严地说:"百两题文,我并非不会。"康熙令其当场念读,郑樵一念满堂喝彩。康熙不解:"此等好文为何不去参选?"

郑樵说:"我好文,但岂能为钱而作文?那日我身无银两乘船,只得留下母亲,自己游河过去,为的是到河对岸采药,医治我母亲之病。"郑樵此话一出,众臣皆服。康熙甚为高兴,恩赐他为朝中高官。

郑樵的误会及时解除,不仅获得了满堂喝彩,还让他仕途如意。身在职场的人也一样,难免会跟同事产生误会,只要及时澄清,不仅不会让你失去什么,有时反而会有意想不到的收获。

误会不管是良药还是毒药,只要你摆正心态,有了误会及时澄清,小误会就不会转化成大误会,更不会让原本不必要的误会激化升级成不可调和的矛盾。误会不及时澄清,于己于人,都大为不利。所以,何不微微一笑,及时将误会澄清呢?

第九章

化解他人敌意，让对手变成朋友

尊重对手就是尊重自己，这样不但能赢得对手的尊重与友谊，还能展示出你的度量与胸怀。

你是我最想要的朋友

1.欣赏对手的品质与人格

有位饲养员非常擅长与动物相处,无论它们多么凶猛,他总是有办法让它们服服帖帖、乖巧无比。人们很羡慕他的本领,又非常好奇他为什么能做到与猛兽和谐共处。一位记者来采访他,他的答案很简单:"是因为我发自内心地喜欢,所以它们也回报给我同等的喜爱。"

"难道发自内心的喜爱就能换来与动物的友好相处吗?"记者不相信他的说法,"我很喜欢大型犬,但是一靠近它们,它们就会冲我汪汪大叫。"

这位饲养员笑了:"你靠近它们的时候在想着什么?"

记者想了想,回答说:"我总是很担心它们会扑上来咬我。"

"这就对了,你根本就不相信自己能和它们友好相处,在接触它们的时候,首先就产生了恐惧和提防的心理,做好了随时反击逃跑的准备。动物的感觉比人类更敏锐,它们一旦感受到你的恐惧和提防,就不会对你产生接纳之心,这样,你当然没法接近它们。"

听了饲养员的话,记者恍然大悟。饲养员相信动物不会伤害他,因此在面对动物的时候,心中只有对动物的喜爱,没有一丝一毫的敌对情绪。这种友善驯服了猛兽,让它们能够与饲养员友好相处。

尊重对手就是尊重自己。或许你和对方在认识、立场、价值取向上各有不同,或许你们对彼此的生活习惯、行为方式看不顺眼,甚至到了水火不容的地步,但这并不妨碍你看清对手身上的优点和长处,也不影响你

第九章 化解他人敌意,让对手变成朋友

欣赏对手的品质与人格。

球王乔丹在公牛队的时候,有一名叫皮蓬的新秀将他视为劲敌,不但经常和他针锋相对,还时常对他冷嘲热讽,总说自己有实力超越乔丹,乔丹早晚要给自己让路之类的话。

面对皮蓬的敌意,乔丹并没有利用自己的影响力对他进行排挤打击,反而宽容相待,经常在球技上提点他、鼓励他。

有一次,两人在练习场上相遇,乔丹主动问皮蓬:"你觉得我们俩谁的三分球投得好?"皮蓬撇了撇嘴,说道:"我知道你投得好,怎么,你这是要对我炫耀吗?我早晚会超过你。"

乔丹笑道:"虽然我的三分球成功率是比你高一点,但是我认为其实你投得比我好。"

皮蓬很吃惊地看着乔丹。乔丹解释说:"我仔细观察过,你投球的动作流畅自然,总能把握最好的时机,这是我不具备的天赋。最重要的是,我只习惯用右手投篮,而你左右手都没有问题,以后你一定能超过我。"

皮蓬被乔丹的直率和真诚所打动,为自己对他的敌视而感到惭愧。自此之后,他再也不对乔丹冷嘲热讽了。

俗话说:"伸手不打笑脸人",当你决定把对手看成朋友,用善意回应对方时,对方的敌意就会像在阳光下的冰雪那样迅速消融掉。请牢记,消灭敌人最好的办法就是让他成为你的朋友。

"如果你握紧两个拳头来找我。"美国总统威尔逊说,"对不起,我敢保证我的拳头会握得和你的一样紧。但如果你到我这儿来,说:'让我们坐下来一起商量,看看为什么我们彼此意见不同。'那么不久我们就会发现,我们的分歧其实并不大,我们的看法同多异少。因此,只要我们有耐心相互沟通,我们就能相互理解。"

2.适当展示你的弱点,减少对手对你的敌意

当你高昂着头,显示自己高高在上的时候,大多数人会在心里对你产生敌意,这种敌意可能来源于嫉妒、仇恨或是对异类的排斥。所以,一个真正的聪明人总会时不时地"犯点傻",让别人看到他的缺陷和弱点,知道他其实也是一个普通人。

战国末年,秦国已经成为各诸侯国中实力最强大的国家之一。秦王嬴政为了统一天下,发动了多次战争。一次,大将军王翦奉命远征。秦王让他统帅秦国全部兵力,这是君王莫大的信任,但也有巨大的危机潜藏其中。人心难测,秦王又怎么能对掌管一国之兵的王翦完全放心呢?

在出发之前,王翦向秦王请求大量财物,声称要为自己的子孙后代谋划一份家业。

秦王答应了:"爱卿大可放心,本王定会让你没有后顾之忧。"王翦毕恭毕敬地谢恩。

等王翦率领军队到达战场之后,他又多次派遣使者向秦王请功,请求秦王将良田金银赏赐给自己。对于这些,秦王都爽快地答应了。但是朝廷中其他官员纷纷批评王翦好大喜功、贪图财货。这些消息传到了王翦的心腹耳中,他忧心忡忡地劝说王翦:"将军,您并不贪财,为何要在打仗途中向秦王索要赏赐?如果引起朝臣的不满,您可没办法亲自向秦王请罪呀!"

王翦摸着胡须说:"你就放心吧,我要的不是秦王的赏赐,而是秦王的

第九章 化解他人敌意,让对手变成朋友

信任。我率领大军出征在外,秦王肯定不放心我手握重兵。我多次请求财物赏赐,只是为了表明我并不贪图权势,只是爱好财物罢了。秦王知道了我贪财的弱点,才能真正相信我没有谋取国家的野心。"

一个毫无缺点的下属只会让秦王担忧怀疑,而一个贪财的下属却能让秦王放心信任,这是王翦自曝其短达到的效果。

当你把自己的弱点展示给对手看的时候,对手就会发现,这个看起来很强的人其实也有办不到的事情。这样一来,对手就会放松警惕,减少对你的敌意。

美国第9任总统威廉·亨利·哈里森出生在一个普通的小城镇。幼年时的威廉文静、害羞,在同龄人眼中,他就是一个傻瓜。

人们总是乐于戏弄这个傻乎乎的小家伙。大家把他从角落中推出来,让他站在街道的中央,然后拿出一个五角、一个一元的硬币让他选。每一次,威廉总会选择面值更小的五角,而不是拿走那个一元的硬币。

人们指着拿走五角钱的威廉哈哈大笑:"天哪!快来看看,这个傻瓜连钱多钱少都分不清,怎么会有这么傻的人呀!"因为这个愚蠢的选择,威廉给小镇上的人增添了无数笑料。

一次,一位好心的大婶看不下去了,她问威廉:"孩子,难道你不知道一元钱的硬币比五角钱的硬币能换到更多的糖果吗?"

威廉笑着点头说:"我当然知道啦。"

大婶不解地问:"那你为什么每次都只拿五角钱呢?"

威廉反问道:"如果我拿走了一元的硬币,他们还会一次次地玩这个选择硬币的游戏吗?"

表面上看,威廉受到了大家的嘲笑和愚弄,但实际上,威廉选择五角

你是我最想要的朋友

硬币的理由却如此聪明,因为他明白,只有拿走五角钱的硬币,大家才会一次又一次地拿出硬币让他选择。他放弃了一次得到一元钱的机会,却换来了更多次得到五角钱的机会。

一个聪明的对手会让你提高警惕,步步小心;而一个愚蠢的对手则会让你放松警惕,减少敌意。你愿意做一个让对方警惕的聪明人,还是做一个让对方放弃敌意的"傻瓜"呢?

3.寻求共鸣,化敌为友

本杰明·富兰克林——美国著名的作家、政治家、外交家、科学家、出版人、哲学家及发明家。作为政治家,他的成就远高于其他头衔,是他起草了美国《独立宣言》;作为外交家,又是他在美国独立战争期间争取到了法国的支持;作为科学家,他对电学的发现与理论更是无人能比;作为发明家,他创造出了双焦距眼镜、里程表和避雷针。然而,以上种种成就都不如他发现了可以用"麻烦"赢得对手的尊重更重要。

富兰克林在宾夕法尼亚立法机构任职时,顽固的政敌和一位不友好的立法者常让他头疼不已。富兰克林在解释如何赢得他的尊重与友情时这样说:"我从没想过要委曲求全来赢得他的帮助,但一段时间后,我萌发出了用其他方法的念头。在知道他有一本稀世奇书后,我给他写了张纸条,希望能借这本书拜读几日,他立刻把书给了我。一周后,我把书还给他,同时夹了张纸条表达我对书的喜爱之情。后来,我们再在国会见面时,他对我说话了(这在以前是不可能的),态度还很礼貌。此后,他表示愿意随时为我提供帮助,我们成了好朋友,这样的友谊一直维持到他去世。这真是应了那句格言:'为你做过好事的人,比受过你恩惠的人,更能为你提供再次帮助。'"

寻求共鸣的方法不仅在伟人中适用,在我们日常生活中也同样适用。

唐纳德·史密斯是加拿大太平洋铁路著名的建造者之一。史密斯年轻的时候是一位皮货商,曾经和一位名叫昆汀的猎户发生过冲突。但他在后来的工作中出现了一点小状况,必须去和那位猎户谈一些事情。因为曾经的冲突,他们已经有好几年都不说话了,贸然前去,对方会不会再提起以前的事情,会不会根本不愿意同自己说话呢?

虽然有很多顾虑,但史密斯还是去了。当史密斯到达昆汀家时,天色已经不早了,他非常礼貌地请求对方让自己在这里借住一晚。史密斯的态度让昆汀无法拒绝,更何况他们曾经朋友,虽然有过冲突,但是现在史密斯如此礼貌地来求助,不正是在主动化解矛盾吗?

于是,昆汀将史密斯让进了家里,这给二人关系的恢复打下了良好的基础。

由此可见,在生活中、工作中,遇到难处理的问题、难对付的人时,不如试一试寻求共鸣、化敌为友的方法。这种方法的特点是以尊重对方为前提,只有尊重他人,你才能得到他人的尊重,才能有进一步交流的可能。

4.帮助对手也是一种智慧

曾有媒体报道,美国FBI(美国联邦调查局)得到消息,美国可口可乐总公司内部员工偷取可口可乐饮品的样本及机密文件,企图出售给百事可乐。

消息一经公布,迅速在全世界引起震动。大家都知道,可口可乐和百事可乐是饮料业中一对水火不容的竞争对手。试想,如果百事可乐取得可口可乐的配方,那意味着什么?意味着可口可乐将有可能迅速垮掉。然而,就在人们为可口可乐庆幸,不断追问是谁提供了情报时,可口可乐高层却表示,向公司和有关当局提供情报的其实是百事可乐。这下,人们更加迷惑了,大家都想不明白百事可乐为什么不利用这个机会,扭转在竞争中处于劣势的境况,而非要帮助可口可乐呢?

百事可乐公共关系高级副总裁多林表示:"我们只是做了任何负责任的公司都应该做的事。竞争是激烈的,但必须保持公平与合法,我们帮助可口可乐就是为了不让它消失在我们的视线里,它是我们前进的动力!"

只有内心真正强大的人,才会追求公平、公正,才会看重结果,也享受过程。

朱成,上海女孩,2001年从北京大学毕业后,被哈佛大学教育学院以全额奖学金录取。2006年4月,朱成参加了哈佛大学研究生院学生会主席的竞选活动。美国有7位总统毕业于哈佛,其中又有3位总统担任过学生会主席,这一职务向来有"哈佛总统"的美誉。

竞选由各个研究生院推选47名代表参加,环节众多。朱成以其成熟干练的作风顺利进入了前4名,她的对手是3名美国博士生:哈恩、吉米克和桑斯。

桑斯位列第4,很多人以为他将退出选举,可没想到,他却突然来了个"杀手锏"。5月3日,桑斯召开新闻发布会,对前3名候选人进行了猛烈攻击。他曝出3名竞争对手的个人隐私,而对朱成的攻击是:她在2005年夏天,以救助一位南非孤儿为名,侵吞了大量捐款,而那位南非孤儿现在仍然流落纽约街头。

桑斯发布的新闻使哈佛为之震动,研究生院很多激进组织马上召开集会,要求立即取消3名候选人的竞选资格。

朱成也因此受到了支持者的质疑,不过幸运的是,谣言很快就烟消云散了,因为朱成资助的南非孤儿出面澄清了此事。桑斯被证实有说谎的嫌疑,胜利的天平又倾向了朱成。

而哈恩和吉米克为了报复桑斯先前的"毁灭性打击",也曝光了桑斯在一家中国超市被警察询问的录像,并怀疑他有偷窃行为。一时间,桑斯百口难辩,这似乎又对朱成有利。

在竞选的最后关头,4个竞选者一起召开了新闻发布会。哈恩、吉米克和桑斯都显得有些沮丧,只有朱成依旧带着端庄的微笑。她走上台说:"同学们,我今天想先告诉大家一件事情,就是关于桑斯在超市'行窃'的真实情况。"

她的话让所有人屏住了呼吸,桑斯更是因为惶恐而攥紧了拳头。朱成继续说道:"我去中国超市问清了整个事情的经过,事实上,桑斯并不是因为行窃而被警察询问,而是帮助老板抓到了小偷。"

霎时,发布会现场一片哗然。桑斯惊讶地抬头看了看朱成,微张着嘴,想说什么,却欲言又止。哈恩和吉米克则有些沮丧,他们实在不明白朱成为什么要帮助对手澄清丑闻。难道她不明白,一旦他重获清白,就会成为朱成最大的竞争对手?

是呀,谁愿意去帮助自己的对手呢?

朱成的澄清让竞选形势再一次发生了变化。朱成的助理埋怨朱成帮了对手一个大忙,而朱成只是淡淡地笑了笑,说:"我只是希望这次竞争能够公平一些,这样赢得的胜利才有意义。"

投票前15分钟,桑斯宣布了自己退出的消息,并且号召自己的支持者把票投给朱成。他说,他无法像朱成那样真诚与宽容,他已经输掉了竞选。如果朱成竞选成功,自己愿意做她的助理,全力协助她在学生会的工作。

2006年6月8日,朱成力挫群雄,以62.7%的支持率当选哈佛学生会主席。这是哈佛300多年历史上第一位中国籍学生担任此职。

帮助对手也是一种智慧。在竞争中,不论是强者还是弱者,都要记住,一定不要让对手离开你的视线,必要时,还要伸出援手来确保这一点。因为,只有在若即若离中,你才会有危机感和紧迫感,从而激发出你的斗志。

5.伸出你的手,去握对手的手

在日常人际交往的过程中难免会遇到些许摩擦与不快,每当这个时候,你面对问题的态度往往能体现出一个人的心胸与度量。心胸狭窄的人选择斤斤计较,因而"失众友";心胸宽阔的人选择用宽容包容过去,因而"聚众朋"。

想要开创自己的事业,求同存异,团结一切不利于自己的因素或敌对力量,无疑是必须采取的策略之一。

英国首相丘吉尔有一句名言:"没有永久的敌人,也没有永久的朋友,有的只是永久的利益。"他一生都在奉行着这句话,在用人上也是如此。丘吉尔作为保守党的一名议员,历来非常敌视工党的政策纲领,但他执政时却重用了工党领袖艾礼,自由党也有一批人士进入了内阁。更值得称道的是,他在保守党内部对前首相张伯伦没有以个人恩怨去处理他们的关系。

张伯伦在担任英国首相期间再三阻碍丘吉尔进入内阁,他们政见不和,特别是在对外政策上存在很大的分歧。后来,张伯伦在对政府的信任投票中惨败,社会舆论赞成丘吉尔领导政府。

出人意料的是,丘吉尔在组建政府的过程中,坚持让张伯伦担任下院领袖兼枢密院院长。他认为,保守党在下院占绝大多数席位,张伯伦是他们的领袖,在自己对他们进行了多年的批评和严厉的谴责之后,对张伯伦取而代之,会令他们许多人感到不愉快,接受丘吉尔做首相是他们的无奈选择。为了国家的最高利益,丘吉尔决定留用张伯伦,以赢得这些人的支持。

后来的事实证明,丘吉尔的决策非常英明。当张伯伦意识到自己的绥靖政策给国家带来了巨大灾难时,他没有利用自己在保守党中的领袖地位刁难丘吉尔,而是以反法西斯的大局为重,竭尽全力做好自己的分内之事,对丘吉尔起到了极大的配合作用。

丘吉尔不计前嫌,团结自己的对手,显示出了他博大的胸怀和高明的用人之术。

你是我最想要的朋友

当人与人之间争端纷起时,难免要侵犯到彼此的利益,如此一来,大家对敌方的情绪会越来越恶劣。而能主动伸出手,向对手送去祝福的人,就能站立于主动地位而不受制于人。

因为,当你采取主动,不但能打动对方,甚至会让他误认你们已"化敌为友"。可是,是敌是友,只有你心里才明白,但你的主动却使对方处于"接招""应战"的被动地位,如果对方不能也"爱"你,那么他将得到一个"没有器量"的评语,一经比较,高低立见。

罗伯特是加州一个水泥厂的老板,由于经营重合同、守信用,所以生意一直很火爆。但前不久另一位水泥商莱特也进入了加州水泥产业。莱特在罗伯特的经销区内定期走访建筑师、承包商,并告诉他们:"罗伯特公司的水泥质量不好,公司也不可靠,面临着即将倒闭的危险。"

罗伯特解释说,他并不认为莱特这样四处造谣能够严重伤害他的生意,但这件麻烦事使他非常恼火,谁遇到这样一个没有道德的竞争对手都会愤怒。

"有一个星期天的早晨。"罗伯特说,"牧师讲道的主题是:'要施恩给那些故意跟你为难的人。'我当时把每一个字都记了下来,但也就在那个下午,莱特那家伙使我失去了一份5万吨水泥的订单。但牧师却叫我以德报怨,化敌为友。"

"第二天下午,当我安排下周活动的日程表时,我发现住在纽约的一位顾客需要一批数目不小的水泥来建一幢办公大楼,而他所需要的水泥型号不是我公司生产的,却与莱特生产出售的水泥型号相同。同时,我也确信莱特并不知道有这笔生意。"

"我做不成你也别做!"商业竞争的残酷性本来就是你死我活,理所当然应该保密。这是经商之人的普遍心态,更何况莱特还无中生有,四处中伤罗伯特。

第九章 化解他人敌意，让对手变成朋友

但罗伯特的做法却出乎常人的意料。

"这使我感到左右为难。"罗伯特说，"如果遵循牧师的忠告，我应该告诉他这笔生意。但一想到莱特在竞争中所采用的卑劣手段，我就……"

罗伯特的心理斗争开始了。

"最后，牧师的忠告占据了我的心，我想以此事来证明牧师的对错。于是，我拿起电话拨通了莱特办公室的号码。"

我们可以想象莱特拿起话筒瞬间的惊愕与尴尬。

"是的，他难堪得说不出一句话来。我很有礼貌地告诉他有关纽约那笔生意的事。"罗伯特说，"有阵子他结结巴巴说不出话来，但很明显，他发自内心地感激我的帮助。我又答应他打电话给那位客户，推荐由他来提供水泥。"

"那结果又如何呢？"有人问。

"哦，我得到了惊人的结果！他不但停止了散布有关我的谣言，还把他无法处理的生意也交给我做。现在，加州所有的水泥生意已经被我俩垄断了。"罗伯特有些手舞足蹈。

"不要报复，化敌为友"，无疑是罗伯特在对付莱特这一过程中取得的最宝贵的经验。

在商业竞争中，如将自己的时间和精力浪费在向别人报复的过程中，你只能与成功失之交臂。报复是一把双刃剑，你在伤害对手的同时，也会不可避免地伤及自己，甚至更为厉害。而且，若你选择报复，那就说明你在对手面前已经失去了理智，这样的人又怎能在变幻莫测的商海中审时度势，做出正确的判断呢？你又如何在商场中把握机遇、谋求发展呢？你应该明白的是，你的报复只能将自己降低到对手的水准，抄袭他的战斗方式是不会有好结果的！

而我们对待有小人行径的竞争对手，最好的方法不是澄清谣言，为自

你是我最想要的朋友

己辩解,而是对他置之不理。

当然,如果你有"退一步海阔天空"的胸襟,那你也可以像罗伯特一样,伸出你的手,去握对手的手!此举除了可在某种程度内降低对方对你的敌意,还能避免恶化你对对方的敌意。换句话说,为敌为友之间,留下了一条灰色地带,免得敌意鲜明,反而阻挡了自己的去路与退路。

6.对手就是另一角度上的帮手

在巴黎,有两位画家享有盛名。这两人不相往来,却又密切注意彼此的一举一动,谁也不服谁。

他们时常在媒体上互相指责批评对方:"他最近的一部作品,布局一点也不协调,简直就是涂鸦。""他的画要么苍白无力,要么乱七八糟,不知所云。"

一次,其中一位画家为了赶上一个国际大展,在工作室中夜以继日地连续画了三天三夜,除了绘画之外,不闻不问,甚至连吃饭睡觉都在工作室里。

就在作品快要完成的时候,一位朋友来看他,这时画家正在修饰作品中人物的表情。朋友刚要开口,画家忽然大叫出声:"我那个死对头,一定又会在这里鸡蛋里挑骨头!"

朋友不解地问他:"你既然知道他会批评这个地方,为什么不把它画好呢?"

画家微微一笑答道:"我就是为了让他批评才这么画的,如果他不再批评，我的创意也就没有了。"

朋友这才说出他原本要说的话："可是，他昨天因一场意外的车祸去世了。"话音刚落，画家手里的画笔一下子滑落在地上。

从此，这个画家再也没有创作出独具创意的作品。

敌人的存在让我们可以看清楚自己，生活中缺少了的对手，就好比在大海上航行却失去了罗盘。

势均力敌的对手竞争，一次次的角逐，一次次的成败，都是走向成功的必经之路。因为有了对手，我们知道了"以人为镜，可正衣冠"，学会了"取长补短"，明白了对手在自己学习过程中的巨大作用。

我们应该对我们的对手感恩，为他带给我们的成长而感恩，不论是失败还是胜利。

当然，也有人害怕对手。但害怕回避不了现实，不管你是无视对手、否认对手，还是侮辱对手、躲避对手，对手始终存在。而且，越是轻视和躲避，对手成长得越快。

雅典奥运会跳水男子三米板冠军彭勃在赛后接受记者采访时说："我特别感谢两个人，一个是队友王克楠，一个是对手萨乌丁。如果今天没有王克楠到场给我鼓舞，我的金牌就不会拿得这么顺利。我之所以要感谢萨乌丁，是因为没想到他今天发挥得这么出色。他这么大的年龄还那样拼搏，这刺激了我更努力地去比赛。"

对手是压力，也是动力。对手给自己的压力越大，由此而激发出的动力也就越强。对手之间，是一种对立，也是一种统一。双方相互排斥，又相互依存；相互压制，又相互刺激。尤其是在竞技场上，没有了对手，也就没有了活力。

一位教练曾经这样说："对手是每个运动员最好的教科书，谁要想战胜对手，谁就得向对手学习。"对手之所以能够成为对手，说明在他的身上，一定有其高超和独特的东西。与这样的对手比赛，不仅能找到竞争的舞台，还能带来竞争的乐趣。可以想象，一场没有对手的比赛将是多么的无趣？战胜对手，才是最大的慰藉。

谁都可能遇到对手，谁都盼望超过对手。但无论成功还是失败，都不要忘了感谢对手，因为是他和你一起追逐，一起攀登，一起较量，一起腾飞。

7. 主动给自己设立一个"假想敌"

人生，就是一个不断确立目标和实现目标的过程，在这一过程中，每一步的前行都离不开与对手的对决。很多人认为看一个人的身价，要看他的对手。好的对手可以让你找到自身的不足和差距，让你通过学习弥补自身的欠缺和不足，在不断地摔打和磨砺中完善自己。

姚明说："我们不会选择对手，我们只会见一个打一个，见一个拼一个，打出我们的气势，打出我们国人的精神，全力以赴打好每一场球。我们不选择对手，因为在你选择对手的同时，你已经是别人的对手了。我们不怕对手，因为只有在强大的对手面前，才能激发出你的斗志，使你不断地超越自己。"

王新被调到下属子公司做部门负责人，但不知为什么，主管并不欣赏他,总在暗处排挤他,一些他应该参加的活动,总是会被"不小心"地遗漏掉。对此,他感到很恼火。在经过几次收效甚微的沟通之后,他改变了策略,调整好心态,努力完善自己。在主管给自己拉帮结派的时候,他钻研业务,调研市场,寻找工作中需要完善的地方,充分掌握行业内的最新动态;主管带领一班人马去吃吃喝喝,他就自己找一个更好的地方独自享受。主管分配给他的工作总是别人挑剩下的,他不生气;主管在他不知情的情况下带着他的下属出差,他不生气;主管在总结工作时故意弱化他的成绩,他不生气。他始终以积极的心态面对挑战,不断进取,不断超越自己。

一年以后,他向总裁提交了一份完善的工作改进计划,得到了总裁的赏识,提升他为新的主管,而那位不断给他找麻烦的原主管则因过分注重权术而疏于业务,被迫另谋高就。

后来,王新说,他刚到这个公司时只想做好自己的分内事,但那位主管的举动刺激了他,激发了他要做得更好的勇气,才使他有了今天的成就,否则他只会满足于部门负责人的工作。

当你在人生的旅途上披荆斩棘、艰难前行的时候,其实你并不孤独。同行的除了在你身边陪伴你、保护你的朋友,也有隐藏在暗处、时刻准备给你致命一击的对手。有时候,哪怕你的朋友全部离你而去,你的对手也依旧陪伴在你的身边,用他们的尖牙利爪提醒你,你不是一个人在奋斗。

百事可乐公司创办于1898年,由于经营不善,它只能在市场的边缘求得一点生存空间。斯梯尔上任后,专心聚集所有力量来与雄霸天下的可口可乐竞争。

他先是把市场定位于战后的年轻一代,选用散发青春活力的俊男

你是我最想要的朋友

美女做广告,通过庞大的广告攻势发出"百事可乐:新一代的选择"的口号,宣扬"饮百事可乐,突出你的青春健康形象"。这个广告含沙射影地讽刺拥有百年历史的可口可乐是老古董,配不上美国年轻人四射的活力。

然后,百事可乐又别出心裁地推出不同分量的包装,既可以把一大瓶百事可乐放在家里,全家一起饮用,也可以让年轻人买小瓶的单独享用。而当时的可口可乐始终只有一种分量的包装。

1972年的一天,人们突然在电视广告里看到了这样的画面:百事可乐公司在一些公共场所邀请人们同时饮用可口可乐和百事可乐,在品尝之后,请他们评价两者的味道。结果,因为很多人喜欢吃甜食,所以在没有名牌效应的情况下,大多数人都比较喜欢百事可乐的味道,因为百事可乐比可口可乐略甜。那些参与测试者喜欢百事可乐的神情都被拍摄了下来,并被放到了电视上。斯梯尔采用的这种市场测试法大获成功,后来,这种方法被推广到了世界各地的可乐市场上。

试味道这一招对可口可乐高层的震动很大,他们开始检讨在可乐的味道上是否已经不能符合公众的喜好。基于这方面的考虑,他们决定改变可口可乐的旧配方,把它的甜度提高。

谁知,可口可乐这一反应正中了斯梯尔的圈套。在可口可乐改变配方当天,斯梯尔马上宣布给百事可乐员工一天临时假期以示庆祝,并且在美国各大城市的闹市区免费派发百事可乐,搞得这一天像是百事可乐的大喜日子。不仅如此,斯梯尔还乘胜追击,推出一则新广告,广告片中先提出了一个问题:"为什么可口可乐要改变配方?"然后就是一位靓女在喝了一口百事可乐之后,恍然大悟,面露喜色地说:"噢,现在我知道了!"

这一击,百事可乐把可口可乐打得狼狈不堪,可口可乐销量暴跌,而百事可乐则销量猛增。

其实，很多可口可乐的支持者几代人都习惯了它原来的味道，并不喜欢百事可乐的甜味。因此，可口可乐改变配方后，对他们来说不止是改变了味道，还改变了他们那种怀旧的情结。所以3个月不到，可口可乐公司又不得不改回老配方。

在斯梯尔的领导下，本来奄奄一息的百事可乐公司终于可以和可口可乐分庭抗礼，甚至几乎压倒可口可乐公司。

所以，如果你手里没有一张"对手牌"，你就该主动给自己设立一个对手——也就是假想敌。记得，要像斯梯尔一样始终把最强大的对手作为自己的假想敌，而不是草木皆兵、处处设立假想敌。

记住，假想敌的存在是为了让你不断学习，实现自我提升，而不是让你踩低别人来抬高自己，更不是叫你每天都担惊受怕。

8.你可以同别人分享的——信息、机会

不管是信息、金钱、利益或工作机会，懂得分享的人，最终往往可以获得更多人脉。

台北市内湖科学园区的益登科技，因为代理全球绘图芯片龙头厂商的产品，从一个无名小卒，迅速跻身为国内第二大IC通路商。总经理曾禹旂在6年内赤手空拳打拼出了一家市值逾新台币80亿元的公司，他靠的是什么？

与曾禹旂相交20多年的友人吴宪长说:"在同业中或同辈中,论聪明、论能力,曾禹旂都不能算顶尖,但是,他能遇到这个好运,八成以上的因素在于他的人脉。因为他很愿意与别人分享,大家才会利益共享,机会之神也才会眷顾他,而不是别人。"

"有怎样的度量,就有怎样的福气。"从小曾禹旂的父母就是这样教导他的。如今,曾禹旂也常这样对属下说:"赚钱机会非常多,一个人无法把所有的钱赚走。"是的,只有分享,才能让你得到更多。

众所周知,温州人是有名的"生意精",素有中国的"犹太人"之美称,他们之所以能把生意做到如此地步,就是因为他们善于分享,并以此积累了丰富的人脉资源。有了人,还怕做生意不赚钱?

谢福烈是四川温州商城的董事长,他是第一位到四川从事房地产开发的温州商人。如今,他的投资已经扩展到了乐山温州商城、三台温州商城、营山温州商城、自贡温州商城……这些投资已经超过了7亿元。但是,谢福烈却没有向银行贷过一分钱的款。那么,这么多的资金都是从哪里来的呢?

谢福烈投资自贡温州商城时需要总投资3亿多元,这么多的资金靠谢福烈的自有资金显然是不够的。于是,他把自己的计划向其他60多位温州老乡说了一遍。结果,这些温州商人二话没说,集资凑足了3亿元,这个项目就被谢福烈和他的老乡们拿下了。

温州市鹿城区副区长熊洪庆说:"我现在走到哪里都很方便,因为温州商会遍布全国各地,很乐意接待来自家乡的客人。""有钱大家一起挣,有商机大家一起争取",温州人就是靠这种理念把生意做大的。

巴勒斯坦有两片海,这两片海相距不远,而且共用一个源头——约旦河。但其景象却大不相同,一片死气沉沉,被称为死海;另一片生机盎然,名为加利利海。

  同样是接纳约旦河的水,为什么境况会如此不同?原来,死海地势较低,水只能流入,不能流出,加上阳光终日照射,海水不断蒸发,久而久之,这里就成了寸草不生的咸水湖;而加利利海则恰恰相反,它的地势较高,水流入又流出,接纳和付出同时进行,所以"活"得精彩纷呈。

  一个懂得分享的人,生命就像加利利海的活水一样,丰沛而充满活力,这样的人身上有一种特殊的吸引力。而且,有些东西是越分享越多的,更重要的是,你的分享将会使更多人愿意与你在一起。

第十章

利益共享，合作双赢
——挖掘战略伙伴

商业上有一种模式叫利益共享，也称战略伙伴。这样的商业合作模式更具有抗风险能力，也是一种双赢的模式。

你是我最想要的朋友

1.即使是和好友做生意,也得"约法三章"

如果你想开创一份事业,而你身边的好朋友正好也有相同的想法,这时,你们是否会一拍即合呢?

好朋友的诱惑在于朋友之间的那种心心相通,在于"有福同享,有难同当",在于"两肋插刀"的气魄。有这么多诱人的因素摆在面前,仿佛只要有了好朋友,一切问题就都可迎刃而解。好朋友互相之间没有利害冲突,可以随心所欲地说东道西、聊天喝酒。更难得的是,彼此知根知底,没有面对陌生人的种种不便。

正因为如此,一般人在创业或者开拓自己的事业时,总是想找好朋友一起做。按理说,你和好朋友走到一起,为了共同的事业一起努力,一起赚钱,这是一桩好事。但这里面有一个谁领导谁的问题。兄弟之间还可以有一个大哥,但好朋友之间就难分彼此了。平时觉得意气相投,直来直去惯了,可在工作上不能这样,总得有个人说话更有分量一些。否则,一个人一个想法,一个人一套思路,日久天长就会产生摩擦、隔阂,最后好说好散还好,就怕弄得钱没赚到,反倒丢了朋友。

桃园三结义的刘备、关羽、张飞,友谊可谓轰轰烈烈、千古流芳,但他们共事的结果是什么呢?一事无成。刘备太倚重自己的两个兄弟,所以诸葛亮对关、张二人十分纵容。关羽在华容道放走了曹操,按军纪论,当斩,但看在刘备的面子上,这事情连提都没提。而刘备在得知自己的二弟关云长死后,不顾诸葛亮的百般劝阻,一意孤行,只为替自己

第十章 利益共享,合作双赢——挖掘战略伙伴

的好兄弟报仇,结果白白浪费了大好机会。同样是三国,曹操一代奸雄,秉性多疑,没有朋友,但偏偏是他打下了基业,别人只能望其项背,自叹不如。

当然,并不是说朋友不重要,但是,好朋友并不意味着是好的合作伙伴。

刘邦由于同老百姓"约法三章",所以才取得了关键性的胜利。同样,在商场上,约法三章也十分重要。每个个体在享受自由的同时,也要有一定的约束。

创业之初,我们往往会选择志同道合的朋友或自家亲戚作为合伙人。在这种情况下,一方面碍于情面的考虑,一方面也出于对合伙人的信任,很多敏感的和利益相关的问题都被模糊处理了,但事后出现纠纷时却后悔不已。其实,亲兄弟也要明算账,大家坦诚相待,把敏感的利益问题事先协商好,更有利于在以后的经营过程中相互配合与协调。否则,各打各的小算盘,对企业的整体发展非常不利。

王京文19岁从江西财经大学毕业后,就到国务院事务管理局财务司工作,并在这里认识了毕业于厦门大学的苏启强。随后,两人于1988年一起辞职下海,创办了"用友财务软件社"。当年,两人从别人那借了5万元,买了一台长城0520DH,白天出去推销软件或做用户服务,晚上回来编程序。在两人的共同努力下,用友飞速发展,但到了1993年,两人在是否搞多元化的问题上发生了冲突。

面对用友这样具有巨大潜力的企业,两人分家的时候却出乎意料的和平,这主要得益于两人事前的"明算账"。虽然他们在生活上是死党,彼此也非常信任,但在创业之初还是以产权明晰的个体工商户形式注册的,公司创办时就有明确的投资协议,规定了谁的股份是多少,以

213

及准确的比例。更重要的是,在创业之时,他们就明白总有一天会分道扬镳,钱虽然重要,但更重要的是信用。"用友是共同的成果,该是谁的就是谁的。"

在习惯了每一次企业创始人分手的腥风血雨之后,王京文和苏启强的平静给我们带来了更多的思考。创办企业之初,大家集中力量使企业能够正常运转起来,有着共同理想的人共患难很容易,但是企业正常运转后,关于公司以后的发展方向、公司利益的分配、公司的日常管理等,不同的合伙人就会产生不同的想法。其实,这些无关乎人品道德,但是同样会导致各种纠纷的产生。所以,大家一开始算清楚一些,减少一些暧昧不明的地带,对于合伙人和企业的发展,都是有好处的。

2.朋友变合伙人,请注意角色转换

作为一个好的演员,应该善于扮演各种不同的角色。其实,人的一生也是在不同的角色变换过程中度过的。只有无数次正确的角色转换,才能使人生更加丰富多彩。

当然,有些转换很自然,人们可以很好地适应;有些转换,尽管无论怎样也适应不了,但还是得接受。儿子变成父亲、孙子变成爷爷是一个漫长的角色转换,这样的转换很好适应。而有的角色转换只是一夜之间或者是一瞬间的事情,这样的转换就让人难以适应。比如,一个人昨天还是在股市拥有价值数百万元股票的富翁,今天就因股市崩盘而

第十章 利益共享,合作双赢——挖掘战略伙伴

倾家荡产;昨天还是管理几十名员工的部门主管,今天就被炒了鱿鱼,等等。

同样,在我们每个人的人脉关系中,也经常会碰到像朋友变成合伙人的情况。在这种情况下,势必要很好地把握转变角色这一事实,否则会带来很多不必要的麻烦。

合伙创业,失败者多而成功者少。很多人对合伙创业的看法,一般都比较悲观,甚至觉得"合伙即散伙"。但毕竟不是所有的合伙创业者们最后都以分手告终,还是有成功案例的。而且,仔细观察你会发现,创业企业一旦克服了"散伙怪圈",就会变得异常坚不可摧。如果合伙创业者们能够秉持"求同存异"的战略方针,事事不过于计较,相互宽容、信赖,企业一定能够走得更远。

国内某知名咨询顾问公司最近解散了。这家顾问公司曾经是国内管理顾问方面最成功的咨询公司之一,公司的4位合伙人在业界也拥有一定的影响力。当初,4位合伙人在组建这家公司时按照每人25%的股份平均分配,每人负责一块业务。由于这4位创始合伙人每人都在各自领域具有较强的业务能力,该公司在创业初期一帆风顺,很快就发展成为业内知名的管理咨询公司。

然而,随着业务的发展,公司的4块业务的发展出现了不平衡,其中两块业务占据了公司经营额的80%。很快,4个合伙人之间出现了矛盾,但是当初约定的25%的股份却难以改变。在矛盾难以调和的情况下,该公司解散,4位合伙人各奔东西。

俗话说,买卖不成仁义在,这是做生意的基本原则。就算最后分道扬镳,也不要朋友变仇人。亲戚、兄弟、朋友等合伙创业,往往有亲情、友情混杂在企业制度中,公司一天天发展壮大,如果制度不明朗,以后

出现问题就会变得很麻烦。如果创业团队里,人人都只打自己的如意算盘,为个人利益争执不休,企业就很难正常运转下去。所以,前期对每位合伙人的权责进行详细陈述和约定十分有必要,千万不要碍于面子,马虎了事。

3.游走在"义"和"利"之间

每个人都会在生活和工作中遇到"义"与"利"的矛盾,那么,高明的生意人是怎么处理这个问题的呢?

"义"与"利"是相对应的一对关系:言义必及利,言利必及义。"义"需要"利"的承认和支持,"利"也需要"义"的认可与制约;"义"建立在"利"的基础之上又规范着"利","利"包融于"义"的范畴之内又升华着"义"。尽管古往今来,人们在"义"与"利"的相互关系上存在着种种争议,但"贵义贱利""义以为上""先义后利""先公利而后私利"等价值观,却早已成为人们广泛认同与普遍追求的价值核心。

不仅在人际交往中,"义"是一个基本精神与道德支柱,作为企业的一种价值观,"义"更是一种"坦坦荡荡的胸怀,正正当当的行为"。具体而言,"坦坦荡荡的胸怀"就是要心怀感恩,见贤思齐,时刻忠于企业,坚持原则,以企业利益为重;"正正当当的行为"就是要树立利他意识与公利意识,能够识大体、顾大局、尽其本位。

趋利避害乃人之本性,企业要求员工恪守"义"道,但并不排斥或否定员工对利益的追求。我们应当始终坚持"义利并举、以义致利、以义

第十章 利益共享，合作双赢——挖掘战略伙伴

审利、以义制利"的义利统一原则,彻底摒弃"唯利是图、背信弃义、见利忘义、利令智昏"等违背社会伦理道德与价值观的丑陋行为,坚决抵制种种不讲原则的私利与小义。临阵脱逃,推卸责任是不义;人在其位,不谋其政是不义;设关布卡,索拿卡要是不义;江湖义气,网开一面是不义;不顾大局,本位主义是不义;牺牲企业利益,换取个人私利是不义。特别是企业的干部与管理人员,掌握的企业资源越多,获取利益的平台也就越大,如果他们贪图于一己私利,则有可能给企业利益带来莫大的损害。

孟子说:"生,亦我所欲也,义,亦我所欲也,二者不可得兼,舍生而取义者也。"数千年来,在中华大地上曾有无数的志士仁人,为了民族尊严与国家利益而不惜杀身成仁、舍生取义。无数事实证明,对"义"的崇尚与弘扬,是企业在生意场上无往不胜的重要精神指南。

徽商(徽州商人)是商界的一个传奇,他们用自己的顽强和努力创造了生意史上一个又一个不朽奇迹。在徽商的发展历史上,不乏在利益与道义之间做出抉择的商人,也有很多让人感动的事迹。

有一位徽商,原来是做药材生意的,每天货出钱来,生意十分兴隆。不久,他便自己开了药房,一边加工生产,一边卖药。店里最有名的是一味治疗风寒的药,这味药加工制作十分麻烦,但疗效很好,所以很受欢迎。

有一天,这位商人出其不意地来到了自己的加工药房,发现伙计们居然没有按照古方制草药,而是换了一种新的、速度更快的方法。这位商人十分生气,决定向社会公开这件事情,并把所有这样炮制的草药付之一炬。很多人都劝说他,反正没有外人知道,何必一定要做得这么坚决呢?这位商人对劝他的人说:"利润是很重要,我们做生意就靠这个,但是'义'更加重要,这是我们为人的根本。"

你是我最想要的朋友

只有当企业的每一名员工，都自觉地树立"先义后利者荣，先利后义者耻"的思想与观念时，企业才可能真正营造出"上善若水，厚德载物"的和谐之境，我们才可能在利人的同时利己，在达人的同时达己，并在此基础上成就人生的理想与事业。

4.找到"志同道合"者同船出海

在这个世界上，能够和我们并肩战斗的人很少，而选对这些能够和我们一起战斗的人至关重要，它是我们能否成功的一个关键因素。

清朝末年，八旗士兵被外国人和太平军打得失去了战斗力，为了压制太平天国运动，朝廷让曾国藩自己招兵买马，组建军队。曾国藩很快就组建起了一支军队，这支军队就是湘军。湘军的战斗力很强，在剿灭太平天国的战斗中立下了无数战功。

湘军之所以那么强，还要从军队士兵的来源说起。曾国藩心里很清楚，一支军队战斗力的高低和士兵的素质直接相关。所以，参军的人一定要有能力。但不是所有有能力的人都适合，还要有其他的因素，比如有没有决心，是不是能吃苦，是不是够忠心等。

曾国藩思虑了很长时间，能够满足所有要求的只有一个地方的人，那就是他的老家湖南的人。由此，他依靠师徒、亲戚、好友等复杂的人际关系，建立了一支地方团练，这就是后来的湘军。曾国藩清楚，不是所有人都会和自己一条心，最可靠的人就是身边有着伦理道德关系的人。

第十章 利益共享，合作双赢——挖掘战略伙伴

除此之外，他招收士兵很有自己的见解。他的湘军士兵，几乎无一不是黑脚杆的农民。这些朴实的农民，既能吃苦耐劳，又很忠勇，一上战场，则父死子代、兄亡弟继，义无反顾。因此，他在选人时，年轻力壮、朴实而有农夫气者为上；油头滑面而有市井气、衙门气者，概不收用。他还总结出了一套识人规律：山僻之民多悍，水乡之民多浮滑，城市多浮情之习，乡村多朴拙之夫。

曾国藩明白，能够和自己共同战斗的人只是少数，而这少数就是农民以及自己的同乡，大家的性命前途绑在一起，做事情才更安全可靠。

在海上，风急浪高，一不小心就要搭上性命。所以出海之前，船长总会慎重地选择船员，这样才能将风险降到最小。

我们的生活也是一样，虽然没有浪花，却有诸多看不到的暗礁。在这种情况下，选择同伴就显得非常重要。

东汉末年，华歆和管宁原是一对好朋友。有一天，两人在一起锄地。忽然，管宁挖出了一块金子，却对之视而不见；而华歆看见后，就急忙拾了起来，据为己有。又有一天，两人在一起席地而坐读书。管宁全神贯注地读着，两耳不闻窗外事；而华歆则心不在焉、左顾右盼、抓耳挠腮。此时刚好有一官吏乘着华丽的马车从门前经过，管宁不为所动，仍在读书；华歆却随手扔下书本，前去看热闹。等到华歆看完热闹回来的时候，发现本来一张好好的席子被从中割断了，管宁对华歆说："你不是我的朋友，我们还是分开坐吧。"这就是"割席而坐"的来历。通过这两件事，管宁看出华歆与自己完全不同，于是割席而坐，毅然与之断交。

管宁和华歆的故事，并不是高洁的人与庸俗的人的故事，只是因为人生志趣不同，不论两个人做出什么决定，难免会受到对方的干扰，想坚持

自己的信仰就会变得很难。

人与人的主张和追求不同,是很难在一起合作的。俗话说,人生得一知己足矣。知己就是志同道合者,只有共同的事业把彼此联结在一起,双方的关系才会长久牢靠。

5.十个标准帮你寻找合作伙伴

寻找合作伙伴,是件非常重要的事。世界上的人虽多,想要找到适合你的合作伙伴却并不容易,有时简直像大海捞针。漫无目的地寻找,无疑是在浪费你的时间和精力。

下面整理了十个标准,可以帮你迅速断定对方是否适合当你的合作伙伴。

(1)你是否了解自己

在寻找他人之前,你首先要了解自己:你的个性如何,你的喜好是什么,你的底线又是什么,你擅长什么、能力如何,你的优势是什么、劣势是什么……如果你不能对自己做出一个全面准确的判断,就很难知道自己究竟需要什么样的合作伙伴。

(2)双方目标是否一致

合作的关键,在于双方的目标是否一致。目标一致,你的竞争对手也能成为你的合作伙伴。这个目标既可以是短期的小目标,也可以是长期的大目标。只要目标一致,预计的结果能够让双方有所收益,你们就有合作的可能。

第十章 利益共享,合作双赢——挖掘战略伙伴

(3)对方能力如何

除了准确地估计自己的能力,还要全面地调查合作者的现状和能力。如果双方的实力旗鼓相当,通常能产生不错的合作效果。考察对方能力的时候,既要看对方过往的成绩,也要看他现在的状况以及未来的发展潜力。不要单凭对方的一面之词就草率地决定合作,事前考虑好过事后懊悔。

(4)你能否与对方沟通

即使你们的能力相当,你也要弄清你们是否容易沟通,是否会出现鸡同鸭讲的情况。如果你们不能准确快速地理解对方的意图,对目标的具体理解存在很大差异,那么,在事情的执行过程中,很可能会因为沟通不当造成合作破裂。所以,在事前确定双方是否能够很好地沟通至关重要。如果双方没有沟通的意愿,都喜欢自行其是,无法做到步伐统一,这样的合作不要也罢。

(5)是否有根本利益冲突

目标一致,并不代表合作能够进行到最后。如果双方有根本性冲突,合作早晚会破裂。所以,如果你与你的合作者有根本性冲突,可以考虑选择其他合作者;如果必须与其合作,则一定要小心行事,步步观察。

(6)对方的人品如何

合作者的人品是你必须慎重考虑的因素,他是否讲原则、重承诺、守信用,是决定你们能否顺利合作的前提。此外,最重要的一点是合作者的责任感,是否能够与你一起承担事业的风险。在困难的时候,有责任感的人不会弃你于不顾。和一个有责任感的人共事,就等于给这份合作上了保险,即使失败,也不是由你一个人承担。

(7)双方是否有互补的一面

合作是一个取长补短的过程,如果你们之间有互补的一面,充分发挥自己的优势,就能实现最佳的资源配置,实现"1+1>2"。如果能在合作的

过程中学到对方的优点,对于你自己的发展也有不可估量的益处。

(8)能否产生默契

合作双方若没有默契,会造成合作状况的紊乱,甚至会引发不必要的误会。默契的基础在于信任,如果不能相互信任,就不会产生默契。所以,考察对方是否值得你信任,是判断你们之间能否产生默契的第一步。有了信任,再加上良好的沟通,产生默契并不是一件困难的事。

(9)对方是否有包容心

在合作中,难免会出现错误。你必须判断当你出现错误的时候,对方是否能够包容你。那些能够原谅你的小错误,以大目标为前提继续合作的人,是你的首选合作对象。但是,如果一个人表示,他能够原谅你出现战略性、原则性错误,你千万不要与他合作。合作的目的在于互相帮助与监督,如果他能够原谅你的原则性错误,就代表他并不重视这次合作,也代表你必须原谅他的这一类错误,这样的合作从一开始就是失败的。所以,合作伙伴要有包容心,但是不能一味包容。

(10)是否能接受彼此的缺点

合作伙伴不会十全十美,他如此,你也一样。你们有相同的目标、互补的能力,还有一个很关键却也很容易被忽视的问题,那就是你们愿不愿意接受彼此的缺点。接受彼此缺点,就是接受对方身上你根本无法赞同的部分。如果无法接受对方的缺点,合作过程势必会有摩擦,很可能导致合作破裂。

寻找合作伙伴,本身就是一个考验眼光与能力的行为。你的标准是否合适、判断是否准确、了解是否全面,直接决定了合作是否能够顺利。尽量在每一次合作中重视对方,汲取经验,给你的合作伙伴留下良好的印象,这样既能提升他人对你的好感,也为你们下次合作预留了空间。

另外,在合作中,你还需要注意以下十个问题。

第十章 利益共享，合作双赢——挖掘战略伙伴

(1) 合作是高级竞争

与人合作，首先要搞清楚合作的本质。合作，是一种高级竞争。一定是因为竞争，才需要合作。正因为有了共同的竞争目标，双方或多方才需要联合；而在联合中，双方和多方也在互相竞争。竞争是常态，合作是暂时。

(2) 认识对方的价值

不论是竞争的对手，还是合作中的同伴，他的身上总会有值得你学习的地方。尽量吸收对方的优点，提高自己的竞争力，这也是竞争与合作所能带来的最大收益。

(3) 尽量协调步调

在合作中，双方的根本目的虽然一致，但仍难免会出现细节上的小摩擦。这时，不可意气用事，要顾全大局，体谅对方，尽量调整双方的步调，保证整个计划的完整和效率，尽量以小的牺牲换取大的收益。

(4) 信任对方，真诚待人

互信是合作的基础，让对方感觉到自己的真诚、友善，能够提高对方对你的信任，有助于事情的成功。

(5) 坚持原则

做事要有原则，在竞争和合作中更是如此。在竞争中，不要破坏规则，为达目的不择手段；在合作中，更要坚持自我底线，不能一味退让。坚持原则，会为你赢得对手或合作者的尊重。

(6) 能够接受批评

每个人都会犯错，能够坦诚地接受错误、改正错误，这样的合作伙伴令人安心。而他人给你提出的意见，也会促使你进步。以虚怀若谷的态度接受他人的批评，将会给你带来巨大收益。

(7) 提高自己

不论是竞争还是合作，都需要不断提高自己的能力。如果不能提高自

己,就会被竞争者淘汰,也会被合作者抛弃。只有提高自己的能力,你才能够进一步选择更强大的对手或合作者,进一步推动自己的事业。

(8)更加主动

"一个和尚提水喝,两个和尚抬水喝,三个和尚没水喝。"合作不是依赖,不要什么事都指望合作者。你自己要更加主动,自己先去提水,对方自然也不会倦怠。主动,不但能为自己赢得局面,也会为你们的合作打下良好的基础。

(9)兼顾对方

合作是双向或多向的互动,不要只考虑自己的利益,还要兼顾对方。任何自私的行为都有可能影响整体的收益,及合作者对你的信任。兼顾合作者,往往会为你带来更多的合作机会,这才是合作的良性循环。

(10)培养乐观心态

竞争与合作都需要乐观的心态。胜不骄,败不馁,用坦然的胸怀迎接成功或失败,永远充满自信,不但鼓励自己,也鼓励别人。这样的人从不缺少合作伙伴,也不缺少竞争对象,因为他的世界永远是开阔的,他的目标永远在前方,从不会放弃希望。

现代社会,竞争日趋激烈,合作也日益广泛,懂得合作的人,拥有更强大的竞争力,因为他既发挥了自己的长处,又借用了他人的优势。也许,通过学习,你能够更聪明地把他人的优势变为自己的优势。所以,重视合作,就是更积极地去竞争,去争取成功。

6.合作者要选择与自己性格相反的人

许多人不喜欢同与自己性格相反的人相处。其实,这是一个错误。我们在选择合作者时,恰恰需要一个与自己性格相反的人。

日本的北海道出产一种味道珍奇的鳗鱼,周围的渔民多以捕捞鳗鱼为生。鳗鱼的生命非常脆弱,只要一离开深海区,过不了半天就会死亡。可有一位老渔民,他天天出海捕捞鳗鱼,回港后,他的鳗鱼却总是活蹦乱跳的。而其他人无论如何处置捕捞到的鳗鱼,回港后全都是死的。由于鲜活的鳗鱼价格要比死亡的鳗鱼高出一倍以上,所以没几年工夫,老渔民一家便成了远近闻名的富翁。周围的渔民虽做着同样的营生,却一直只能维持简单的温饱。老渔民在临终之前说出了自己的秘诀,那就是在整舱的鳗鱼中放进几条狗鱼。鳗鱼与狗鱼是出了名的"对头",几条势单力薄的狗鱼遇到成舱的对手,便会惊慌地在鳗鱼堆里四处乱窜,这样一来,反倒把满满一船舱死气沉沉的鳗鱼全给激活了。

无独有偶,挪威人也遇到过类似问题。挪威人在海上捕到沙丁鱼后,如果能让它们活着抵达港口,就能卖出高价。可多年来,只有一艘渔船能成功地带着活鱼回港。该船船长一直严守秘诀,直到他死后,人们打开他的鱼槽,才发现鱼槽里多了一条鲶鱼。原来,沙丁鱼不喜欢游动,当鲶鱼进入鱼槽后,就使原本懒洋洋的沙丁鱼感到威胁而紧张起来。为避免被鲶鱼吃掉,沙丁鱼会迅速游动起来,这样便能活着到港口了。

上述故事告诉我们:相反性格的组合往往能创造出奇迹。对此,一家杂志的调查也证明了这一点。那些由个性很强的人组成的企业,结果失败的占了95%,成功的只占5%。这种现象曾被人戏称为"阿波罗现象"。

阿波罗是古希腊罗马神话中的太阳神,他性格刚强、思维敏捷,十分聪明。"阿波罗现象"意为由这些性格相似的人组成的团队。这些人最大的特点就是有主见,认为自己与众不同,比别人优越。但也正是如此,大家都想当太阳,都想当主角。结果,虽然个体都很杰出,但这种团队组合却脆弱得不堪一击。

有调查显示,一流的公司在上司与下属之间、老板与员工之间,乃至公司的合伙人之间,大都存在着性格、能力、学历、知识结构等方面的互补情况。这就像是转动的齿轮,只有凹凸相配才能咬合得紧密,否则,两个凸轮就会彼此撞伤,而两个凹轮也会因没有契合点而无法相容。

3个性格坚韧刚强、有领导能力,且都精明能干的人分别担任一家高新技术企业的董事长、总经理和常务副总经理的职位。一般人认为,这家公司的业务一定会欣欣向荣,但结果却令人大失所望。这家公司非但没有赢利,反而连年亏损,主要原因就在于由这3个人组成的决策层难以协调配合。他们性格相近,都属于个性张扬、咄咄逼人、猖狂傲慢的类型,都善于决断,谁都想说了算,但又都说了不算,最后什么事也没干成。

这家公司隶属于某一大型企业集团,总部发现这一情况后,马上召开紧急会议,决定敦请公司的总经理退股,改到别家公司去投资,同时也取消了他总经理的职位。这家亏损的公司经过这一番撤资,在董事长和常务副总经理的齐心努力下,竟然发挥出了强大的生产力,在短期内使生产和销售总额达到了原来的两倍,不但把几年来的亏损弥补了回来,还连连创造出相当高的利润。

而那位改投别家企业的总经理,自担任董事长后,充分发挥了自己的性格优势,表现出了卓越的经营才能,也创造了不俗的业绩。

这是一个颇值得研究的例子,也是一个值得我们每个人深思的经典案例。三人都是一流的经营人才,可是搭配在一起却惨遭失败。而把其中一个人调开,分成两部分,反而获得了成功。

这其中的关键或奥秘就在于人才的性格搭配和协调上。聪明的老板会不断鼓励不同性格、不同背景的员工协同共事,鼓励他们进行开放式的交流和沟通,并有意将那些具有不同性格和学科背景的人混杂在一起,目的是为了激发个体差异的存在。比如说,在一群喋喋不休的人中,混入一些不善言语的人;在一个死气沉沉、没有效率、没有活力的部门,选派一个性格活泼开朗、富有感染力、具有强烈进攻性和好胜心的主管。

7.尊重下属,他们是最好的合作伙伴

尊重能给人以激励的力量。西点将军约翰·斯科菲尔德曾这样说:"最好、最成功的指挥官,都是因为公正、坚定,加之和蔼亲切,才得到其下属的敬重、信赖和友爱。"

在微软的软件帝国里,对人的尊重被放在了首要位置,公司中的每一

个细节都体现着对员工的重视。为给员工提供自由表达的机会,微软设立了个性化的办公室,设立了弹性工作时间。虽然他们的价值观没有任何口号和标语,也没有像英特尔那样印在每一位员工的铭牌上,却已经深入到企业生活的点滴之中。每一位员工都对自己的本职工作有着强烈的兴趣,他们各司其职又高度合作。他们通过不断创新来体现个人价值,对企业发展形成了推动力量。所以,在微软公司,每一位员工都在为实现个人价值、追求顾客满意和承担社会责任而不懈努力着。尊重员工,创造"和"的氛围,为微软带来了强大的"软"实力。

3M公司(明尼苏达矿务及制造业公司)在尊重员工方面有一个非常著名的原则:不必询问,不必告知,充分尊重员工的隐私。这个原则就是天条,任何管理者都必须遵守。管理者鼓励员工做他们想做的事,而不要求详细了解员工的工作细节。

可见,成功的团队管理者都懂得尊重下属,一点一滴地培养起下属的幸福感。

"尊重"这个词听起来、说起来容易,做到却很难。"尊重"是一种很高的修养,是一种由里向外透射出来的人格,而这种人格是需要修炼积累的,这也是衡量一个成功人士的标准。

想要做到尊重下属,可以从以下几个方面着手。

(1)下属是你的合作者

企业是由企业的所有者、管理者与员工组合而成的,大家应该是平等的,只是在工作上扮演的角色不同而已。因此,下属们——我们的工作伙伴,我们应以"同事"来称呼他们。这不仅仅是称谓的问题,更是尊重的问题。

(2)随时肯定下属的成绩

下属在工作中偶尔会出一些问题,如果采取严厉责备的态度,很容易造成双方的对立。员工从心理上受了委屈,对立的情绪就很难消除,在今后的工作中也会有排斥情绪。对下属没有起码的尊重,你和他们的关系就只有命令和无奈接受,充满火药味的工作关系迟早会爆发危机。

(3)给下属自己的时间

不要一味地要求员工与身为老板的你有同等的工作热情。老板总是希望员工加班(因为老板就是这样),希望员工晚上带工作回家做,还希望员工可以为了工作牺牲家庭,甚至希望员工能将工作视为生命的重心。是的,身为管理者当然要以身作则,树立典范,但是不要忘了,以身作则并不代表要以此暗示员工,要求他们做到你所"示范"的每一项事务。大部分员工都希望享受工作,有高度的工作效率及贡献,能力受到肯定,得到应得的薪水;而下班之后,他们可以暂时忘掉工作,享受家庭的温馨,与三五好友聊天,参与某些活动。他们不希望一天24小时时时挂念着工作。

我们应该尊重员工这个人性的需求,尽量避免让员工额外加班。

(4)尊重个别的差异和不同

在工作场所,总是充满形形色色的人,他们背景不同,性格不同,生活经验也千差万别,我们要尊重个别的差异和不同并找出共同点。一个好的企业文化是能包含不同个性、塑造共同的价值观的。人人生而不同,但对工作都会有独特的贡献,切不可只用一种人、一种方法来做事。

身为管理者,你要学习用不同的方式管理不同的人。要承认人与人之间的差异,克服偏见,这样才能使公司更和谐,更具效率。

(5)尊重下属的不同意见

管理者不愿听取下属的意见,大致原因是认为下属能力不足,意见不具备参考价值。这其实是个误区。下属能力较你弱或许是事实,但并非他们的每个意见都不高明,有些意见可能对方案有补充作用,或者可以通过这些意见本身了解下级在执行中会有什么心态及要求。总之,无论从哪个角度讲,都有必要认真倾听不同意见,因为一个人考虑问题不可能十全十美。况且,就怎样做成一件事来说,很少有标准答案,我们要的是结果,如果大家齐心协力共同完成一项任务,这不是一件很值得开心的事吗?

(6)尊重下属的选择

员工有选择工作的自由,不可将员工的辞职视为背叛,这会让你在今后的工作中对下属产生不信任的态度。员工辞职本是一件可以理解的事情,也许是你的企业目标和员工个人的发展目标相悖,也许是员工个人价值趋向的改变,不管原因是什么,你都不能过多地去强求他们。

员工选择来公司工作,那么帮助他们成长就是我们应尽的义务。切不可把员工的成长当成我们给予他们机会的某种结果,并要求员工不断地给予回报,这会让你在人格上不尊重他们,认为他们应该为你工作,或者应该全部听从于你。你真正需要的是接受员工的选择,对员工的离职完全可以做到"人走茶不凉"。

下属的辞职是再正常不过的事情,你应该正视这个问题,同时也可以发现自己身上的不足,这为你今后的工作也提供了借鉴,你可以据此调整自己的领导方式。

8.观察身边的人,寻找你的最佳搭档

步入社会后,和我们相处最多的莫过于同事。由于家庭背景、文化程度、兴趣爱好以及观念差异的不同,我们所遇到的同事也是形形色色、各种各样。

倘若你明白对方属于哪种类型的同事,对症下药,见机行事,交流起来就会容易得多。

(1)无私好人型

这种人是天底下最善良的人,他们不会坏你的事,所以你可能会忽视或者拿他们不当回事。其实,他们才是你可以真心相处的朋友。小公室里无友谊的论断,只有在这些人身上才会被打破。

(2)固执己见型

这类人一般观念陈腐,思想老化,坚决抵制外来建议和意见,刚愎自用,自以为是。对待这种人,你不妨单刀直入,把他工作和生活中某些错误的做法一一扩大列举出来,再结合眼下需要解决的问题提醒他将会产生什么严重后果。这样一来,他即使当面抗拒你,内心也会发生动摇,怀疑自己决定的正确性。这时,你趁机摆出自己的观点,动之以情,晓之以理,他接受的可能性就会大得多。

(3)傲慢无礼型

这种人一般以自我为中心,自高自大,常摆出一副盛气凌人、唯我独尊的架势,缺乏自知之明。和这种人打交道或共事,你不能低三下四,也不要同他一样傲慢。你只需长话短说,把需要交代的事情简明交

代完就行。

(4)毫无表情型

这种人,就算你很客气地和他打招呼,他也不会做出相应的反应。按心理学来说,叫无表情。无表情并不代表他没有喜怒哀乐,只是他压抑住了激情,不愿表露出来罢了。所以,对于这种人,你无须生气,只需把你想说的说出来,说到关键时刻,他自然会用言语代表表情。

(5)沉默寡言型

这种人一般性格内向,不善交际与言辞,但并不代表他没话说。和他共处,你需要把谈话节奏放慢,多发掘话题。一旦谈到他擅长或感兴趣的事,他便会马上"解冻",滔滔不绝地向你倾诉起来。

(6)自私自利型

这种人一般缺少关爱,心里比较孤独,永远把自己和自己的利益放在第一位。你若让他做些于己不利的事,就很难和他沟通。和这种人相处,你必须从心灵上关注他,让他感受到情感的温暖和可贵。

(7)生活散漫型

这种人缺乏理想和积极上进的心,在生活中比较懒惰,工作上缺乏激情。和这种人相处,你可以用激将法把他的斗志挖掘出来。

(8)深藏不露型

这种人自我防卫心理很强,生怕你窥视出他内心的秘密。其实,这是一种非常自卑的表现。如果你想了解他的为人和心理,不妨和他坐在一起多喝几次酒,让他酒后吐真言。

(9)行动迟缓型

这种人一般思维缓慢、反应迟钝,可以和他做朋友,但不是理想的合作搭档。

(10)草率决断型

这种人乍看起来反应敏捷,实则为人草率,常常在交涉进行到高潮时忽然做出决断,缺乏深谋远虑,容易做出错误判断。和他相处最好的办法就是经常给他泼泼冷水,让他保持清醒的头脑,切莫感情用事,草率做决定。

(11)过分糊涂型

这种人做事时注意力不集中,记忆力低下,理解能力不够。这种人和行动迟缓者一样,不是理想的共事伙伴。但交朋友,这种人很有人缘,因为他们看起来很随便、大度。

(12)家庭妇女型

这类人不仅指女性,有一部分男性也很"妇女"。这种人,上班一进办公室就会把家里从昨天晚上直到今天早上发生的事一五一十地跟办公室里的人讲。如果实在没什么说的,就跟你重复昨晚的电视剧。单位的事情没有他不知道的,张家长李家短的,手里做着工作,嘴上也不闲着。

对付这样的人,你不与他们搭腔就是了,他说什么你全当没听见。这种人在关键时候不太会说你的坏话,还可能说你的好话,因为他们比较有同情心。

(13)搬弄是非型

这种人与前一种类型的人相比有质的不同。他们可能嘴也不愿闲着,但却是到处打听周围人的隐私,并乐于制造、传播一些谣言,企图从中获得些什么。这种人让人讨厌,但他们并不可怕。所以,你不必如临大敌,与他们斤斤计较。只要他们说的构不成诽谤,又能伤着你什么呢?

(14)欺负新人型

这种人的影子,其实在我们每个人的身上都多少有一些。他们对待新到的人,不管性别、年龄怎样,都会有相当长一段时间的颐指气使。这种人并非真正的坏人,至多只能说素质低下,只要他们做得不过分,最好还是忍耐下来,过了一段时间,他们自然会接受你。不过,如果你不愿忍,或者说没有耐心,不妨抓住时机,奋起反击他们一两次。他们一般都是欺软怕硬,只要你反击,他们十有八九不会再对你如何了。

(15)性格古怪型

这种人多半是天生的,但他们不势利,也不愿与人同流合污。

你可能会莫名其妙地与他们产生冲突,但不要记恨他们,他们一般是事情过去了就算了,仍然会像从前一样对你。所以,不要企图去改变人家什么,当然,别人也不想改变你什么。对这种人,注意不要做过深的交往,也不能对他们有过激的行为和言语。

(16)轻狂高傲型

这种人谁也看不起,包括自己的顶头上司。他们处处要显得与众不同,比别人优越。"上知天文,下知地理",刚刚在报上读到的知识或者奇闻就会拿来当众卖弄。其实,这种人的内心有着深深的自卑,他们多半是目光短浅的人,没有见过什么大世面。

对这种人,你根本用不着与之计较。他喜欢吹嘘自己,那就由他去吧。即使他贬低了你,你也不必去与他争个高下,何必与不在一个层次上的人分个谁行谁不行呢?

(17)阴毒恶人型

这种人才是你最应该引起注意的人。这种人不多,但几乎每个集体里都会有,而且若不与他一起工作一段时间,是不可能发现他们的阴毒的。

在你刚与之接触时,他们通常会非常热情主动,并会积极地为你解决一些小困难,而且为你想得很周到,也表现出来真是为了帮助你的样子,客观上,你也得到了一些好处。但是,这里有个前提,那就是你不能侵犯他们的利益。

你侵犯了一点,他们可以忍让,甚至他们会牺牲些自己的小小的利益,比如一定的金钱、时间。但是,关键时你是绝对不能占他们的便宜的,也绝对不能走在他们的前面,比如晋级、加薪等。否则,他们会立即拉下脸来，与你拼个你死我活。

这种人很难对付，因为他们一般早已以他们的假相取得了上司的信任，你如果没有强大的实力，是万万不能与之争斗的。如果你发现了这种人，最好是少招惹他们，但敬而远之也不行，因为他们是真正的"小人"，"近之则不逊，远之则怨"。

最好的办法是与他们共事时，多装糊涂，让他们看不起你，觉着你对他们没有什么威胁。如果你真想与他们争斗一番，你必须越级向更高层领导反映他们的恶行，同时还要有一旦不成，立即离开的准备。不过，这样一来，你的损失可能就要大些了。